世界名人非常之路

雨 果

法兰西的文学巨人

王晓蕾◎编著

中国社会出版社

国家一级出版社·全国百佳图书出版单位

"世界名人非常之路" 编委会

主　　任：刘明山

编　　委：周红英　王汉卿　高立来　李正蕊　刘亚伟　张雪娇

　　　　　方士娟　刘亚超　张鑫蕊　李　勇　唐　容　蒲永平

　　　　　冯化太　李　奎　李广阔　张兰芳　高永立　潘玉峰

　　　　　王晓蕾　李丽红　邢建华　何水明　田成章　李正平

　　　　　刘干才　熊　伟　余海文　张德荣　付思明　杨永金

　　　　　向平才　赵喜臣　张广伟　袁占才　许兴胜　许　杰

　　　　　谢登华　衡孝芬　李建学　贺欣欣

写在前面的话

著名学者培根说："用伟大人物的事迹激励我们每个人，远胜于一切教育。"

的确，崇拜伟人、模仿英雄是每个人的天性，人们天生就是伟人的追星族。我们每个人在追星的过程中，带着崇敬与激情沿着伟人的成长轨迹，陶冶心灵，胸中便会油然升腾起一股发自心底的潜力，一股奋起追求的冲动，去寻找人生的标杆。那种潜移默化的无形力量，会激励我们向往崇高的人生境界，获得人生的成功。

浩浩历史千百载，滚滚红尘万古名。在我们人类历史发展的进程中，涌现出了许多可歌可泣、光芒万丈的人间精英。他们用挥毫的笔、超人的智慧、卓越的才能书写着世界历史，描绘着美好的未来，不断创造着人类历史的崭新篇章，不断推动着人类文明的进步和发展，为我们留下了许多宝贵的精神财富和物质财富。

这些伟大的人物，是人间的英杰，是我们人类的骄傲和自豪。我们不能忘记他们在那历史巅峰发出的洪亮的声音，应该让他们永垂青史，英名长存，永远纪念他们的丰功伟绩，永远作为我们的楷模，以使我们未来的时代拥有更多的出类拔萃者，以便开创和编织更加绚丽多姿的人间美景。

我们在追寻伟人的成长历程中会发现，虽然每一位人物的成长背景各不相同，但他们在一生中所表现出的辛勤奋斗和顽强拼搏精神，则是殊途同归的。这正如爱默生所说："伟大人物最明显的标志，就是他们拥有坚强的意志，不管环境怎样变化，他们的初衷与希望永远不会有丝毫的改变，他们永远会克服一切障碍，达到他们期望的目的。"同时，爱默生又说："所有伟大人物都是从艰苦中脱颖而出的。"

伟大人物的成长也具有其平凡性，关键是他们在做好思想准备进行人生不懈追求的过程中，从日常司空见惯的普通小事上，迸发出了生命的火花，化渺小为伟大，化平凡为神奇，

写在前面的话

获得灵感和启发，从而获得伟大的精神力量，去争取伟大成功的。这恰恰是我们每个人都要学习的地方。

正如学者吉田兼好所说："天下所有的伟大人物，起初都很幼稚而有严重的缺点，但他们遵守规则，重视规律，不自以为是，因此才成为一代名家，成为人们崇敬的偶像。"

为此，我们特别推出"世界名人非常之路"丛书，精选荟萃了古今中外各行各业具有代表性的名人，其中包括政治领袖、将帅英雄、思想大家、科学巨子、文坛泰斗、艺术巨匠、体坛健儿、企业精英、探险英雄、平凡伟人等，主要以他们的成长历程和人生发展为线索，尽量避免冗长的说教性叙述，而采用日常生活中富于启发性的小故事来传达他们成功的道理，尤其着重表现他们所处时代的生活特征和他们建功立业的艰难过程，以便使读者产生思想共鸣和受到启迪。

为了让读者很好地把握和学习这些名人，我们还增设了人物简介、经典故事、年谱和名言等相关内容，使本套丛书更具可读性、指向性和知识性。

为了更加形象地表现名人的发展历程，我们还根据人物的成长线索，适当配图，使之图文并茂，形式新颖，设计精美，非常适合读者阅读和收藏。

我们在编撰本套丛书时，为了体现内容的系统性和资料的翔实性，参考和借鉴了国内外的大量资料和许多版本，在此向所有辛勤付出的人们表示衷心谢意。但仍难免出现挂一漏万或错误疏忽，恳请读者批评指正，以利于我们修正。我们相信广大读者通过阅读这些世界名人的成长与成功故事，领略他们的人生追求与思想力量，一定会受到多方面的启迪和教益，进而更好地把握自我成长的关键，直至开创自己的成功人生！

雨 果

人 物 简 介

✑ 名人简介 ✑

维克多·雨果（Victor Hugo，1802～1885），法国浪漫主义作家，人道主义的代表人物，19世纪前期积极浪漫主义文学运动的代表作家，法国文学史上卓越的资产阶级民主作家，被人们称为"法兰西的莎士比亚"。

雨果出生于法国东部紧靠瑞士的省城贝桑松，他的父亲是拿破仑手下的一位将军。儿时的雨果随父在西班牙驻军，10岁回巴黎上学，中学毕业入法学院学习，但他的兴趣在于写作。

15岁时，雨果在法兰西学院的诗歌竞赛会得奖；17岁时，在"百花诗赛"得第一名；20岁时出版了诗集《颂诗集》，因歌颂波旁王朝复辟，获路易十八赏赐；之后他又写了大量异国情调的诗歌。

然而此后的雨果对波旁王朝和七月王朝都感到失望，逐步成为共和主义者。他还写过许多诗剧和剧本、几部具有鲜明特色并贯彻其主张的小说。

1840年雨果被选为法兰西学院院士；1845年任贵族院议员；1848年二月革命后，任共和国议会代表；1851年拿破仑三世称帝，雨果奋起反对而被迫流亡国外。流亡期间写下一部政治讽刺诗《惩罚集》，每章配有拿破仑三世的一则施政纲领条文，并加以讽刺，还用拿破仑一世的功绩和拿破仑三世的耻辱对比。

1870年法国不流血革命推翻拿破仑三世后，雨果返回巴黎。雨果一生著作等身，涉及文学所有领域，享有盛誉。他死后法国举国志哀，把他安葬在聚集法国名人纪念碑的"先贤祠"。

雨 果

∽ 成就与贡献 ∽

　　雨果对于文学的贡献是举世瞩目的。这位长寿老人几乎经历了 19 世纪法国的所有重大事变，这为他的创作带来许多帮助。如果人们谈到 19 世纪的文学，就不得不提这位老先生的大名。

　　从时间上看，雨果的创作历程超过 60 年，从创作量上来看，他的作品包括诗歌 26 卷、小说 20 卷、剧本 12 卷、哲理论著 21 卷，合计有 79 卷之多，可谓是法国文学殿堂和世界文化宝库的一笔辉煌遗产。

　　如果说，19 世纪的法国文学界是个人才辈出的时代，那么，雨果无疑是这个时代桂冠上最闪亮的宝石之一。

　　雨果创造了一个又一个经典的人物形象。无论是长篇小说《巴黎圣母院》里相貌丑陋的敲钟人卡西莫多，还是《悲惨世界》里人格高尚的冉阿让，或是《笑面人》里惨遭毁容的格温普兰，在他们的身上都刻有那个时代鲜明的印记，体现了一种"雨果式"的浪漫，寄托了作者强烈的人道主义精神。

　　除此之外，雨果还是位天才诗人，他的著名诗集《光与影》《沉思集》和《惩罚集》等都是脍炙人口的名篇。

∽ 地位与影响 ∽

　　雨果作为法国浪漫主义作家的代表人物，是 19 世纪前期积极浪漫主义文学运动的领袖，法国文学史上卓越的资产阶级民主作家。雨果不仅是法国的骄傲，也是全世界人们尊崇的文学家。贯穿雨果一生的不仅是他优秀的文笔、天然的才情，更多的还是他伟大的人格。

　　在雨果的所有作品中，人们都会无一例外地看到这个巨人身上真诚的人道主义精神、仁慈宽广的胸怀、悲天悯人的思想以及纯洁热情的信仰。

　　虽然时光已经过去了 100 多年，雨果的文学作品仍然浇灌着世界各地的求知者，雨果的精神也将鼓励着每个人像他一样爱家园、爱世人、爱生命！

目录

雨果

难忘童年

童年的军旅生涯 …………………………………………… 2
严重的家庭问题 …………………………………………… 13
斐扬底纳的花园 …………………………………………… 16
在西班牙的日子 …………………………………………… 20
重新返回了巴黎 …………………………………………… 26
文学上初露头角 …………………………………………… 32

文学新秀

向文学方面发展 …………………………………………… 46
青梅竹马的爱情 …………………………………………… 55
迎娶了心上人 ……………………………………………… 61
继续努力创作 ……………………………………………… 73
思想观念的转变 …………………………………………… 80

职业作家

开始向剧院挺进 …………………………………………… 86
完成了长篇巨著 …………………………………………… 95
为文学顽强奋斗 …………………………………………… 108

参与政治

进入法兰西学院 …………………………………………… 120
不幸痛失了爱女 …………………………………………… 127

雨果

反抗拿破仑三世 ·· 134

流亡中坚持斗争 ·· 147

老骥伏枥

创作出不朽巨著 ·· 160

回巴黎继续斗争 ·· 173

晚年笔耕不辍 ·· 183

一代巨星陨落 ·· 187

附　录

经典故事 ·· 192

年　谱 ·· 194

名　言 ·· 197

难忘童年

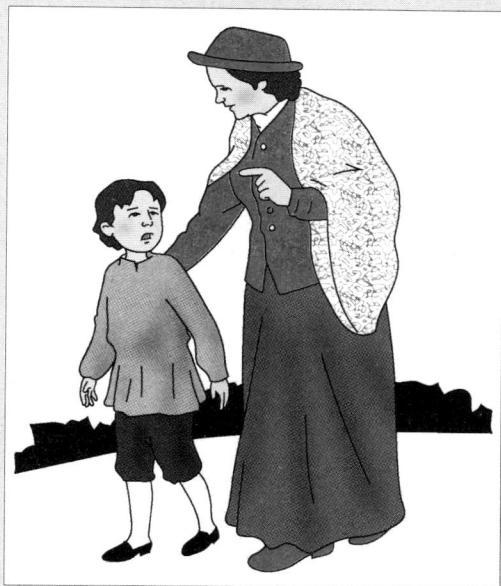

脚步不能到达的地方，眼光可以到达；眼光不能到达的地方，精神可以到达。

—— 雨果

童年的军旅生涯

1802 年 2 月 26 日，在法国贝桑松市的一幢 17 世纪的三层小楼里，传出了一阵阵婴儿的啼哭声。这天，一个看似十分孱弱的孩子降生了。这个孩子就是维克多·雨果。

雨果刚出生的时候，十分孱弱，以至于正在产褥期的母亲不相信他能活下去。

这时，门被小心翼翼地推开了，露出了两个胖乎乎的小脑袋。其中，更年幼的男孩脸颊红红的，长着一头金色的毛发，显得非常可爱。他们俩是雨果的哥哥，4 岁的那个叫阿贝尔，2 岁的那个叫欧仁。

他们急不可耐地要看看这个刚出世的小弟弟，跟在两个儿子后面的是雨果的父亲约瑟夫·莱奥波德·西齐斯贝尔·雨果。他是一个体格健美的军人，站在这个裹在襁褓里的小生命跟前，显得格外高大强壮。

小雨果的脖子弱得像芦苇一样，父亲几次想把他的头扶直，可是刚扶起来便又倒下了。结果父亲失望了，他转身走出房间，因为他不愿让孩子的母亲看到他的眼泪。

雨果的母亲索菲·雨果是一个皮肤白皙、性情活泼可爱、具有某种优雅风度的身材苗条的年轻妇女，她目不转睛地凝视着婴儿，心里也十分悲哀。

当婴儿的教母把孩子包好后放进摇篮的时候，索菲怜悯地说："像你这样，一摇篮可以装一打了。"

夜深人静时，索菲把雨果抱在胸前，把奶头塞进他的嘴里。奇迹发生了，这毫无声息的孩子突然吸住了奶头，急切地吮吸起来。索菲又惊又喜，她凝视着孩子那高高的额头，轻轻地对孩子说："宝宝，你将来会长得又高又大又强壮！"

在这位性格刚强的母亲的细心照料下，孩子终于奇迹般地活了下来。

不仅如此，这个小婴孩发育得还很快，他的智力也像他的身体一样发育很快。这免去了父亲母亲的忧心，于是他们又开始忙碌大人的事情，他们也实在是太忙了。

哺育雨果的不仅是慈母的乳汁，还有慈母的全部心血。后来当雨果开始挥笔作诗时，他深情地写道：

> 也许有一天我要告诉你，我的母亲
> 曾用了什么纯乳，多少心血，多少慈爱，多少恩情，
> 来延长着我这条一生下就注定不能延长的生命，
> 我那永不灰心的慈母啊，养活我，比养两个孩子还要辛勤。

雨果出生在法国东部的这个边塞小城，纯属偶然。只是因为他的父亲，一个拿破仑统治时期的将军，此时正驻守在贝桑松。而仅在这个小生命出生后的 6 周，他的父亲便奉命调往马赛，襁褓中的婴儿不得不在啼哭声中，随父母及两个哥哥又开始新的旅程。

雨果的父亲约瑟夫·莱奥波德·西齐斯贝尔·雨果是法国东北部南锡城一个木工的孩子。南锡城毗邻德意志，雨果这个姓氏最早也源于日耳曼民族，所以我们不难推测到，在维克多·雨果的血脉中，应该也流淌着日耳曼民族的血液。

雨果的爷爷，老约瑟夫·雨果年轻时曾是一位轻骑兵少尉，后来扔下战刀，干起他的木工活。雨果的爸爸是家里的第三个儿子，他年仅 15 岁便投身军队，开始了自己的戎马生涯。

认识他的人描述这个骁勇善战的少年，说他有着一头浓密的头发，额头很低，双眼突出，鼻梁扁塌，两片厚厚的嘴唇，是个长相普通的男人。但是，这个男人的脸上却经常露出正直坚毅的神色，眼神里闪出思想的光辉，唇边还经常挂着坦然的微笑。

人们不得不承认，约瑟夫·莱奥波德·西齐斯贝尔·雨果是一个天资聪慧的少年。他在投身行伍之前，曾投身南锡修道会神父门下学习天文、数学。他能够写出一些精美的小诗，还有小说；他体魄强健，勇敢过人，在军队中也是个文武双全的人物了。

1788 年，雨果父亲进了军官子弟学校。毕业后正逢法国大革命，他参加了革命军队，从一个尉级军官开始，用战功为自己赢得了将军的头衔。

由于他热爱共和，热爱祖国，军队里的战友们称他为"白鲁杜斯"。白鲁杜斯是古罗马一个热爱共和，热爱祖国的著名人物。

雨果的父亲在军队里服务了 30 多年，在枪林弹雨中度过了他的大半生时间。他既是一个非常骁勇善战的军人，同时又是一个十分宽厚的善者，他对雨果一生的影响巨大。

一次战斗中，他在两匹战马被打死，自己也受了伤的情况下，仍然出色地完成了任务。正因为如此，在他还只有 19 岁的时候，他就已经是莱茵方面军中一个很有名气的上尉军官了。

他的部下喜欢他，把他当作一个任性的孩子，发怒时可以暴跳如雷，平时却也有一副柔慈心肠。其实，尽管他生得五大三粗，但除了战斗，平日总显得文质彬彬。

1793 年，这位莱茵军团的年轻上尉被提拔为他的挚友缪斯卡尔营长的助理，并被派去镇压旺岱的叛乱。其时莱奥波德·雨果 20 岁，缪斯卡尔 34 岁，这位祖籍巴斯克的职业军人是行伍世家出身，直到他为国王效命了 17 年后，才混到上士的军衔，在 6 个月的战斗中，他连升 3 级。

缪斯卡尔和莱奥波德似乎是天生的一对好朋友。他们都对 1789 年的大革命原则持有同样的信仰，思想开朗，不信宗教，为人正直，对事业怀有满腔热情。

这两个人此次奉命前往旺岱镇压朱安党人的叛乱，如法国所有的内战一样，这是个残酷无道的差事。虽然莱奥波德和缪斯卡尔都认为执行国民公会关于战争的严酷命令责无旁贷，但是，他们到底还是一个富有人性的军人，在执行镇压命令的过程中，还懂得有所节制，并没有像其他军人那样滥杀无辜。

雨果的父亲此时正在旺岱作战。每次抓到那些因不明真相而反对革命的群众，他总是竭力劝阻，想方设法救护他们。

有一次，革命军抓走了蒲革南村的 292 人，因为这个村的村民常常袭击革命军。审判时雨果的父亲大胆地向法官建议，把其中 270 个男子送往法国内地矿坑里去做苦工。法官拒绝了，把他们判处了死刑。

轮到审判那 22 个妇女的时候，雨果父亲担任了军法委员会主席。在审判时他直言不讳地说："审判这些女犯，不必管什么先例，应当只凭自己的良心，这些女人并没有参加敌对行动，眼看着她们的父兄、丈夫、儿子被枪决，对她们来说，已经是一种极严酷的惩罚了。"

他的话赢得了一个年老的少尉的赞同，那少尉立刻呼应道："我当了军人，是只打男人的，不想杀害妇女，我主张将 22 名女犯全部释放，并且立刻送她们回家。"

他的发言给审判定下了基调，后来发言的人都跟着这么说，结果这些妇女重又获得了自由。

在一次战斗中，武装的保工党徒抛下妇孺老幼，四散逃走了。雨果的父亲把这些俘虏的百姓带到一边，尽力好好地照顾他们。

百姓中有一个仅 5 个月的婴孩，被乳母抛弃了，雨果的父亲把他抱了起来，在掳来的妇女中替他找了一个乳母。战斗结束后，雨果的父亲就把这些百姓全放了，还给了他们几天的口粮，大家对这个善良的长官真是感激不尽。

还有一次，军队要枪决两个旺岱叛乱者，他们是叔侄两个，罪名是两人被抓的时候，手里都拿着武器。叔叔被枪决后轮到侄儿了。侄儿才10岁左右，看着这年幼的孩子也将丧生于枪口之下，雨果的父亲非常不忍心，他挺身拦住枪口，把小孩夺了下来，抚养了他7年。最后还为他的前途做了妥善安排。

父亲的善举如春雨一样滋润着小雨果的心田，不仅造就了雨果的善良品行，而且启发了雨果的创作灵感。在雨果日后创作的小说中，我们常常可以找到雨果父亲的影子，特别是那本以法国大革命为题材的著名小说《九三年》。

雨果父亲这种宽厚仁慈的性格和品质，也使得他在叛乱烈火熊熊燃烧的旺岱，取得了宽宏善良的好名声。正因为如此，有一回，当他率领着疲惫不堪的士兵行进到小欧维内的雷诺第耶庄园时，请求主人让他们休息片刻，一个美貌的布列塔尼少女友好地接待了他。

这个少女不是别人，正是后来的莱奥波德夫人，伟大作家的母亲，一个忠诚的保王党人索菲·特雷布歇。她身材苗条，神情端庄，并且极为勇敢，长着一双褐色的大眼睛，鼻梁坚挺，活力充沛，宛若一尊希腊雕像。谁都不会想到，这次偶遇竟然使得两个年轻人，一个革命党人和一个保王党的追随者之间产生了爱情的萌芽。这一切似乎不太可能，但却奇妙地发生了。

从父亲方面来讲，索菲·特雷布歇是南特一位船长的第三个女儿，她的父亲曾有过贩卖黑奴的经历。从母亲方面来说，她是南特初级法院检察官勒诺尔芒·杜·普伊松先生的外孙女。在大革命时期，特雷布歇家族和勒诺尔芒家族分道扬镳，一边追随了革命党人，另一边成了保王党。这大概也是后来索菲·特雷布歇能够接受莱奥波德先生的原因了。

其实索菲·特雷布歇的家谱十分简明。她的父亲曾经当过南特商船队的船长，是个奴隶贩子。可是，当她还是个少不懂事的幼儿时，她的双亲就相继亡故了。受托抚养教育她的是她的姑妈，一个秉性刚毅的老女人，一个坚定狂热的保王主义者。秉性刚毅的老女人把心爱的侄女培养成了一个能够骑马驰骋、敢作敢为、坚忍不拔的女中豪杰。

同时，坚定狂热的女保王主义者也把自己的思想，一丝不漏地传授给了她的被监护人。因此，当劫掠、屠杀这些字眼不断与"革命"联系在一起时，索菲·特雷布歇理所当然就成了顽固的反对革命派。

然而，在1796年一个美好的夏日，当索菲骑马散步归来遇上疲惫不堪的革命军时，她却毫不犹豫地答应了上尉带着部属到村里休息一下的请求。

能够被热情地接待，使得年轻的莱奥波德先生倍加感动。很快的，他和缪斯卡尔营长便和这对姑女熟识了。类似的接触又进行了好几次，虽然在这些接触中，索菲总是大胆地向莱奥波德指出：镇压朱安党人的战争是非正义的，莱奥波德也激烈地为共和国辩护，但两个人的争论总是建立在相互尊重的基础上的。

他们常常在草地上那高高低低的道路间散步，索菲敬佩这个曾经救助过妇女、人质和儿童的年轻的上尉；而年轻的上尉则欣赏索菲的坚定、勇敢和聪明，有时具有的西班牙女郎那种野性的性格。

雨果后来在《秋叶集》中这样描述他的家庭：

我的父亲是老战士，我的母亲是旺岱省人，他们的血在我的血管中流着，我对它始终是忠诚的。

雨果父母对雨果的影响是举足轻重的，正是父母思想上的这种分歧，造成了雨果精神上的复杂性。

1797 年，当莱奥波德被改任命为军委会检察员后，调到了巴黎工作。他在巴黎市政厅广场获得了一套住宅，这时，这位年轻的军官向可爱的索菲求婚了。索菲感到犹豫，但是庆幸的是，索菲所有南特的亲戚，包括她的姑母都对这个共和国的军官深有好感。而且，这个孑然一身的姑娘的确需要有个依靠了。

1797 年，莱奥波德上尉在被任命为军委会检察员并在巴黎市政厅广场获得了一套住宅之后，他立即就给布列塔尼少女寄去了一封热忱的信函。

索菲回了信，不过写得非常矜持，冷冰冰的。有趣的是，恰恰是这种矜持增强了雨果上尉征服的欲望。

他更加殷勤地放飞多情的鸿雁，语气一次比一次中肯迫切。这样热烈的痴情终于打动了心气高傲的布列塔尼少女。

1797 年 11 月 15 日，24 岁的索菲与比她小一岁半的莱奥波德在祝福声中，走进了婚姻的殿堂。莱奥波德·雨果先生除了军饷外，还有一些财产和年金，而妻子却没有嫁妆，因为雷诺第耶并非属于她的产业。尽管如此，慷慨的丈夫还是将自己的财产变为夫妻共有。

也许在这个婚姻之中，丈夫要更爱妻子一些吧！莱奥波德感到非常幸福，但是索菲似乎对离开雷诺第耶，离开她的花园，离开布列塔尼的海洋性气候，而感到懊悔不已。尽管如此，日子仍然愉快地过着。

莱奥波德夫妇在巴黎住了两年时间。这段时期，一个叫比埃尔·富歇的布列塔尼同乡成了他们的邻居。富歇先生是军事法院的书记官，是特雷布歇家一位鞋匠朋友的孩子。他和营长助理年岁相仿，性情却迥然不同，他小心谨慎，朴质纯真，不爱交往。富歇先生也是一位保王党人，虽然在政治上，他和雨果先生的观点不和，两人从不争吵，而且友谊日渐增加。

富歇先生与安娜·维克多瓦尔·阿瑟琳结为夫妻的时候，他还邀请营长助理做他的证婚人。在喜宴上，莱奥波德举杯对他们说道："生个女儿吧，我将有个男孩。让他们结成眷属。我为他们夫妻的健康干杯。"莱奥波德在发表这番言论的时候，谁也没有把它当真。

在巴黎，莱奥波德夫妇的收获还不止一个。在一个朗朗晴天里，这对夫妇与莫罗将军助理拉奥里上校相遇了。这位上校是索菲·特雷布歇童年时代的朋友。维克多·法诺·拉奥里是马延省人，尽管参加了大革命，却仍然保持着他在路易大帝中学，当时的一所耶稣会学校中学来的贵族气派。

拉奥里总是一副庄重而又典雅的气派。索菲·雨果夫人遇见他，露出明显的快乐神色。大概，比之莱奥波德的奔放热烈，她更欣赏高贵庄严的男人。有一段时间，这位目光如炬的上校过着独身生活。他心灵清高、骄傲，却也值得被别人爱慕。

上校对莱奥波德夫妇产生了友情，而莱奥波德夫妇发展了这种友谊。莫罗将军是督政府最受宠幸的将军，而拉奥里上校则是他的心腹。对于热衷于功名的莱奥波德少校来说，能找到这样一个有力的靠山，该是一桩多么大的幸事！

丈夫开始为找到莫罗将军的知交充做自己的保护人而高兴。莫罗将军受督政府派遣，正在驻意大利的军中供职。妻子则因找到一个和自己一样小心谨慎、守口如瓶的知己而满意。

1799年，机会终于来了。莱奥波德重新回到莱茵军。而就在同一年，莫罗将军却被任命为莱茵军的总指挥，拉奥里上校便顺理成章地成了莱茵军的总参谋长。在拉奥里的撮合下，莱奥波德成了莫罗将军的重要亲信，并十分信任他。

依照夫贵妻荣这条不成文的法则，索菲·雨果夫人成了拉奥里上校、莫罗将军，甚至约瑟夫·波拿巴亲王府中的常客。她得体直率的谈吐和优雅的风度使她在这些显贵中游刃有余，连一向自视甚高的约瑟夫·波拿巴——就是那个闻名于世的拿破仑的哥哥，也止不住称赞这个女人的"绝顶聪明"。

在身为莫罗将军亲信期间，这对夫妇有了自己的第一个孩子阿贝尔、第二个孩子欧仁，并且给自己的弟弟也谋得了少尉军衔。然而，好景不长，1800 年，莫罗将军与波拿巴闹翻了。莱奥波德又被改任为第十二联队的营长，这个职务使他备感难熬，因为这位先生与自己的顶头上司不和。

1802 年，维克多·玛丽·雨果，他们的第三个儿子来到世间了，这个小家伙看上去如此地弱小。连产科医生也不指望这个瘦得像猴子一样的孩子能够在世界上活下去。

但是母亲索菲·特雷布歇刚毅的性格起了关键的作用，她将伟大的母爱倾注到了对孩子的护理之中。而正是因为她的努力，我们的世界中多了一位震撼法国乃至全世界的文坛巨星。

莱奥波德夫妇邀请维克多·法诺·拉奥里将军做孩子的教父，邀请陆军准将贝桑松要塞司令雅克·丹列尔的夫人玛丽·丹佐莱做孩子的教母。

尽管已经成为 3 个孩子的父亲，莱奥波德直言不讳的秉性仍然不改。在第二十联队，他与长官展开了一场实力不均的斗争。这样，莱奥波德便被部里的人当作耍阴谋的人记录在案，一个军官甚至诬陷莱奥波德挑唆军官谋反。

这样，在维克多·玛丽·雨果降生后的第六个星期，已经晋升为上校军衔的莱奥波德已经奉命调往马赛，担任一个营的指挥官了。刚刚上任不久，这个营又开赴了圣多明各，开始了新的征程。

莱奥波德认为自己横遭迫害，受到严重威胁，便不顾一切地把年轻的妻子派往巴黎，请求约瑟夫·波拿巴、克拉克将军和拉奥里将军把他从冤家对头的控制下解救出来，另行安排职务。

尽管要离开 3 个儿子，索菲夫人还是同意出发，她总是喜欢接受和挑战艰巨的使命。她认为自己有能力完成这一切。尽管前途充满艰难险阻，但她还是能大胆前进。

冒失的"莫罗集团"不停攻击波拿巴，后者对于这些胆大包天的反对派，则是严惩不贷的。索菲·特雷布歇在拉奥里处迟迟不归，让莱奥波德上校独自品尝了自酿的苦酒。由于没有得到拉奥里将军的庇护，莱奥波德上校被调往远离首都的科西嘉，他开始一个人带3个孩子的生活。

于是，就经常可以在行军的路上看到3个像小天使一样的男孩子，他们跟在一个身材高大的军人身边嬉闹着。阿贝尔上学了。欧仁胖乎乎的，脸蛋也是红扑扑的，长着一圈一圈金色的卷发，深受太太们的喜爱。只有小雨果看上去叫人担忧。此时的小雨果身体仍然很羸弱，由一个士兵的妻子照看着。

莱奥波德带着3个小孩，登船朝巴斯蒂亚这座有着峻拔高房的古老城市进发，并且一次一次地写信给妻子，恳求她回来。1803年6月，小雨果有16个月了，据上校所言，他开始要"妈妈"。尽管爸爸很爱他，无微不至地照料他，但是却代替不了妈妈。

因为雨果早早地就断了奶，所以幼小的雨果只好由一个传令兵的妻子负责照料。此时他的身体仍然很羸弱，不过他的头特别大，和身体很不成比例，像个畸形的小矮人，显得并不可爱和漂亮。

当雨果哭着喊着要妈妈的时候，他只好给雨果吃糖，因为糖的甜蜜可以暂时抚慰孩子脆弱的心灵，缓解

小雨果的忧伤情绪。随后他便无可奈何地看着小雨果嘴里吮着糖果，神情愁苦地离开了。

当时雨果父亲的战友曾经回忆道："有个身材高大的军人，曾经在军队里抚育了3个孩子。孩子们的小脸都长得胖乎乎的，红扑扑的脸蛋儿非常好看，有如小天使一般。他像一位母亲一样的细心而又尽职地照顾着他们，在充满艰险的行军路上，小心翼翼地呵护着他们。"

这个孩子常常一个人待在角落里，伤心地哭泣，谁也不知道他在想什么，谁也不知道他为什么总是那么伤心。小雨果从开始的郁郁寡欢，到后来的非常忧郁，这些忧伤在雨果整个一生中，都占据着主导地位。这种忧郁的性格，也会不时在他惊人的活力中显露出来。

严重的家庭问题

1803 年，当营队移驻厄尔巴岛后，索菲·特雷布歇终于回来了。雨果夫人这次回来并不准备与丈夫重归于好，而是想把 3 个年幼的孩子带回巴黎，拉奥里上校还在那里等她。

仅仅过了 4 个月，雨果夫人便带着 3 个孩子离开厄尔巴岛，踏上了返回巴黎的旅程。

当车子经过长途跋涉终于回到巴黎后，拉奥里却没来接索菲和孩子们，雨果夫人猜测到一定发生了什么事情。

她来到拉奥里的府上，只见门口贴着逮捕拉奥里的告示，已然明白发生的一切。拉奥里反对第一执政的事情，雨果夫人比谁都清楚，她心慌意乱，但是并不感到诧异。

过了几天，雨果夫人找到了一处宅院，这处院子坐落在克里希大街 24 号，条件还算舒适。这一方小天地就成了维克多和哥哥们的游乐场，他们在这里追逐打闹，常常忘记吃饭的时间。小雨果此时已经有了记忆，多年后，他仍然能够描述出当时的景象。

就在小雨果平静地过着幼年的时候，他的爸爸莱奥波德上校这个时候已经受到了约瑟夫·波拿巴的重用。莱奥波德上校随着这位显赫的上司开赴意大利，开始了时来运转的军旅生涯。

在征服那不勒斯的一次战役里，这个英勇善战的上校先生有了崭露头角的机会。那是在卡里那布亚，一群当地的绿林武装与法国军队展开了一场残酷的拼杀。这些人中有的是土匪，有的是爱国者。

莱奥波德上校就在这次浴血战斗中，俘获了当地最有名的一个首领——名叫米歇尔·贝札的抗战者。

这件事带来的巨大荣誉，使上校迅速晋升成为了阿维利诺省的总督。当消息传到巴黎的时候，雨果夫人还是感到很高兴，因为此时尽管她不够爱自己的丈夫，但是生活的开销已经是个负担了，她认识到，丈夫晋升意味着孩子们又有好日子过了。

为此，索菲不得不考虑投奔丈夫，与他言归于好。虽然莱奥波德上校不想妻子和孩子此时来军营里，但是索菲对丈夫的不满毫不理睬，也不通知他，便于 1807 年 10 月擅自出发向意大利来了。

小雨果当时只有 5 岁，但非常敏感、专心。他终生不忘坐着驿车穿过整个法国的这次旅行：射尼斯山峰，在雪橇下"嘎嘎"作响的冰块；一只被打下的山鹰，后来在山上被大家煮着吃了；尤其是吊在树枝上的一些血淋淋的尸体给他留下了深刻的印象，他和哥哥们一同透过车窗玻璃看着这些尸体。

在玻璃上，他们为了解闷，贴了一些草秆做的小十字架。对死刑的恐惧，对酷刑和绞刑的厌恶，绞架与十字架在他心中形成的对比一直在他的脑际萦绕，足可以在他童年的鲜明印象中找到根源。

比起南方色彩强烈的景色，雨果夫人更爱布列塔尼的花园。因此，她只把注意力放在家务事上。而那不勒斯，这个"穿着坠蓝缨的白袍，在阳光下灿烂辉煌"的那不勒斯使孩子们心醉神迷。而且，在旅途的终点，孩子们看到爸爸穿着笔挺的军装前来迎接他们，感到非常自豪。作为一省总督的儿子，属于征服者这个阵营，的确是令人庆幸又骄傲的。

在意大利，这三兄弟住在一座大理石墙面已经开裂的宫殿里，不远处有一道深沟，两旁种着茂密的核桃树。不用上学，无拘无束，这种度假的滋味，雨果终生都回味无穷。

他们有一个权势显赫的父亲，平时很难看见，有时回来一会，便挎着马刀，装出骑马的姿势，逗引孩子们。总有几个戴着亮闪闪的头盔的骑兵在院里恭敬地等候。

这位父亲深受那不勒斯国王的垂爱，而这位国王是皇上的兄弟。他早已在科西嘉王家军团的花名册上，写上了小维克多·雨果的名字。从此，小雨果就自认为是该军团的一名战士。

莱奥波德也在信中满怀喜悦地写道：

> 维克多，那最年幼的孩子，显出很有学习能力。他和他大哥一样稳重，又很谨慎。他话不多，从不乱说。他的思考能力好几次令我拍案称奇。他的相貌甚是可爱。这三个孩子都好。他们互敬互爱。两个哥哥非常喜爱他们的小弟弟。他们若离开我，我会感到忧伤。然而此处无法让他们上学，必须送他们去巴黎才行。

其实，这也并不是莱奥波德要将小雨果送回到巴黎的原因。

他和妻子之间，并没有出现任何形式的和解，孩子们觉察出这些秘密的斗争，但他们并不十分清楚内幕。他们既为父亲自豪，同时又知道他常常触犯他们敬爱的母亲。他们带着惆怅的心情离开了富丽堂皇的大理石宫殿。

他们在意大利遇见了富歇的两个孩子，其中维克多·富歇当时5岁，阿黛尔4岁。阿黛尔是一个做事经常心不在焉、想入非非的小女孩。雨果家的3个男孩把她当作朋友，他们一起玩滚球的游戏。滚球的游戏对孩子来说，实在是再好玩不过了。圆圆的皮球可以在地上滚来滚去，这让他们觉得非常有趣。在追逐和奔跑之间，他们之间的友情不断加深。

富歇一家与雨果夫人及儿子几乎同时离开意大利。

斐扬底纳的花园

1809 年 2 月，在巴黎，雨果夫人索菲在斐扬底纳胡同 12 号租了一套宽敞的住室。这是由奥地利的安娜修建的古老修道院的底层。这时她一年收到 3000 法郎的生活费，不久，又增至 4000 法郎。

在这里，客厅几乎够得上贵族的标准，光线明亮，充满鸟语花香，空气流通。透过院墙，可以望见瓦尔·德·格拉斯教堂的壮丽穹顶，花园很大，一个庭院，一片树林，一块平地。一片栗树林中开出一条小径，通向一架秋千。这里可以让孩子们玩打仗的游戏。

雨果兄弟俩很喜欢巴黎，特别喜欢家中那个树木丛生、繁花盛开的花园。他们常常在丛林中玩捉强盗的游戏；欣赏金色的花蕾、雏菊、长春花；观察啮齿动物吞吃小鸟，小鸟啄食昆虫，昆虫间又你撕我咬的情景。

雨果从父亲那里接受了一种狂热的想象力，他把这个既美丽又令人害怕的花园想象成一个神秘恐怖的"原始森林"，每天在花园里寻找着新的东西，进行着新的"探险"。

雨果后来在诗集《光影集》中用诗歌描述了那个令他流连忘返的花园：

在我满头金发的童年，唉！可惜它转瞬即逝！
有三个老师：母亲，老神甫，一个花园。
花园深邃而神秘，又简直大得无边，
围着高墙，挡住了好奇者们的视线。
园中遍地鲜花含笑开放，就像眼睛在张开，

奇蜂异蝶在山石间繁忙。

空中回荡着"嗡嗡"的蜂鸣。

花园深处像树林，中间就像是空地。

神甫他读荷马和塔西陀，博古通今，

老人和蔼可亲，母亲——那就是我母亲！

老教士是指拉里维埃尔，是一位还俗的奥拉托利会成员，与他的女仆结了婚。

他和妻子一起在圣·雅克大街开办了一所学校。当他打算教小雨果念书时，发现雨果自个儿已经学开了。但拉里维埃尔熟读塔西陀和荷马的著作，能够教他拉丁语和希腊语。在他的帮助下，雨果翻译了《诗简》以及《历史》、坎德·居尔斯和维吉尔的作品。

拉丁语紧凑的形式使他产生了兴趣。小雨果喜爱这门结构缜密的语言。

莱奥波德决定放弃和妻子和好的打算，但不准备放弃对自己孩子的保护权，他在信中写道：

你很有良心。我也问心无愧。我们暂且把所有的过失撇在一边，不要追究谁对谁错。让岁月来冲淡这不幸时期的记忆吧！培养你的孩子，叫他们尊敬我们，让他们接受合适的教育，以便有朝一日能做点事情。既然我们感到难以破镜重圆，那么，让我们更爱孩子们吧！

这样，大哥阿贝尔进了中学，而雨果和他的小哥哥则进了一家由一个神甫开的私人学校。

每个星期天，阿贝尔从中学回家，弟弟们便领他在这个天堂玩耍。他几天的不快一扫而光，又变得兴高采烈。

还有两个游戏伙伴来到斐扬底纳，维克多·富歇和阿黛尔·富歇。他们是一起来到巴黎的。

雨果在栗树林中安装了一架秋千，他慷慨地让阿黛尔跟他们一起去荡秋千。这个小姑娘自豪地，然而战战兢兢地坐上秋千，她有些胆小，总是再三嘱咐他别把她送得像上次那么高。

他们有时候会把阿黛尔放进一辆老掉牙的、走起来一拐一拐的破旧的独轮车里，蒙上她的眼睛，推着她在小路上走。然后让她必须说出车子走到了什么地方。要是她偷偷地掀开蒙住眼睛的手帕偷看的话，他们就用力地把手帕扎紧，然后，大声地问："你来到哪儿了？"这样捉弄阿黛尔的游戏也让他们乐此不疲地玩耍半天。但是他们最喜欢的游戏还是男孩子们爱玩的"打仗"的游戏。

玩"打仗"游戏的时候，他们会去拔些撑树的小支柱做长矛，然后分成不同的阵营展开"战斗"。打仗在小雨果这样的小男孩看来是非常了不起的游戏，似乎只有这样的游戏才能显示出他作为一个"男人"的英雄的一面。小雨果尽管年龄最小，但他的好胜心却强，在打仗的游戏中，一定要做"常胜将军"。如果他不战胜其他孩子，他是绝不轻易善罢甘休的。

雨果曾在后来的文章中写道：

我又看到了我小时候，还是一个天真烂漫的学生，和哥哥们在一起，在花园里绿草如茵的小径上奔跑、玩耍、欢笑。在这个瓦尔·德·格拉斯教堂深暗的圆顶俯瞰着的古老修道院的庭院里，度过了我最初的年月。

　　在斐扬底纳，沿墙种植的树后面，透过生虫子死掉或被挖掉的果树的空缺，可以看到墙上留下的临时的祭坛和圣母像座留下的痕迹，以及残留的十字架。那是一片残败的景象。

　　当索菲跟雨果兄弟们来到巴黎不久，莱奥波德上校就被约瑟夫·波拿巴召到马德里。此时，后者已是"西班牙国王"。皇帝封为国君，如同别人任命上校一般容易。

　　最后，在莱奥波德的弟弟的劝说下，索菲不得不决定带领孩子们前往西班牙。

在西班牙的日子

1811 年，莱奥波德已经晋升为约瑟夫国王军队里的将军，成为他朝廷中的显贵，并被册封为西冈扎伯爵。

这一年，莱奥波德的弟弟路易·雨果上校来到了斐扬底纳。路易是个快活人，雄辩滔滔，颇有能力，这时来到，暗示嫂嫂说哥哥愿意与她重修旧好。

路易银光闪闪的佩刀，他对西班牙绘声绘色的描述，军队中一切东西所具有的魅力，他的叙述既令人咋舌又骇人听闻，让雨果三兄弟既佩服又向往。

他告诉索菲——莱奥波德将军的夫人、三省总督之妻，将在那边获得一个极显要的地位。她将成为伯爵夫人，拥有万贯家财。约瑟夫国王赐给将军 100 万里亚尔的年俸，条件是他必须在那儿执事、定居。前途可观。但路易叔叔还描述了枪决人、火烧修道院、土匪伏击等情形。将军夫人和孩子们只能在车队保护下才能前往。

然而，路易的话并没有说通嫂嫂索菲。但是不久，银行通知索菲，说她丈夫寄来 51000 法郎，让她在法国购置一栋房子。这一下不得不让索菲好好想一想了。倘若孩子们的父亲果真登上荣誉之顶，那么，她难道有权利剥夺他们的优越地位？

约瑟夫认识索菲，曾在吕内维尔赞赏她风度优雅。因此，看到在西班牙，自己宫中的一位重臣竟然不惜名声，和某个自称为"萨尔卡诺伯爵夫人"的托马斯同居，他感到愤怒与不安。他希望合法妻子前来索回自己的地位。于是，他也派出好几位密使，将自己的决定告诉索菲。

约瑟夫作为一国之君，慨然答应保证他们的安全。于是索菲·雨果同意前往。

1811 年春，雨果一家坐上了一辆华丽的马车出发了。沿途走得很慢。西班牙人对入侵的法国人非常憎恨，西班牙游击队常常袭击法国的马车，因此雨果家的马车，以及许多因事去西班牙的马车都跟着法国军队的运饷车一起前行。

浩浩荡荡的车队旁还有骑兵作为护卫，这一切使雨果感到分外新奇。到了第一个休憩站欧那尼小镇，镇内只有一条街道，宽阔的路面上铺着尖角的石子，在太阳下灿灿发光，行人就像踏在金银箔片上一样。

街上的房屋虽然都是农居村舍，但造得气宇轩昂，再加上居住在这里的都是贵族，家家的门框上都刻着美丽的徽章，使雨果非常喜欢这个小镇，后来他写了一部很有名的浪漫剧就是用"欧那尼"命名的。

车队缓慢地往前移动着，远方出现了一片重重叠叠的房屋，中间夹杂着密如麦穗的钟楼。这就是西班牙颇有名气的古城布尔戈斯城。

这里有一座远近闻名的教堂。雨果兄弟一进城就迫不及待地和母亲一起去参观那个教堂。这是一座巍峨的教堂，它的外部结构很复杂，装饰着无数石刻的饰品，可是内部却显得异常简洁，高大的房柱，五彩的玻璃窗，古老的壁画，使教堂显得既庄严又神秘。

正当雨果仰头出神地望着教堂顶部的雕饰时，一面墙壁上忽然开出了一扇小门，从里面跑出一个衣服古怪、模样十分滑稽的机器人。他对空画了个十字，然后击了 3 下钟，又躲进了小门。雨果兄弟们看得目瞪口呆，赶紧跑到那扇小门前，目不转睛地望着。一位神甫告诉他们，这只不过是一座特殊的钟而已。

在这个庄严肃穆的教堂里面，有那个丑陋而又滑稽的小人儿使得雨果久久难以忘怀。在后来，正是从童年时代的这一印象当中，雨果悟出了一个道理：万物中的一切并非都是合乎人情的美，丑就在美的旁边，畸形靠近着优美，粗俗藏在崇高的背后，恶与善并存，黑暗与光明相共。

让雨果终生不忘的还有巴荣纳。他们在这儿待了一个月，等待车队到来。他也记得那个包厢饰有红布的剧院，他们在那里看了 7 次情节剧《巴比伦的陷落》。

雨果忘不了那些夜晚，他们兄弟三人胡乱地调着一盒颜料，以极其粗鲁的方式，在一册《一千零一夜》上放肆涂抹。这册书是拉奥里送的。

莱奥波德将军之妻、西冈扎伯爵夫人一路上备受尊敬。索菲花了 2400 法郎租来的 6 匹马拉的巨大四轮马车最为豪华，即便是西班牙的公爵夫人也不得不给这辆车让路。3 个男孩为此感到自豪。

小雨果立即爱上了西班牙这块色彩鲜明的土地。风景一会儿明丽，一会儿阴暗。枫塔拉比亚海湾闪闪发亮，远远望去，像一块巨大的宝石。

莱奥波德并不知道是约瑟夫国王促使索菲来到西班牙的，他依旧和托马斯待在他的总督府里。不过托马斯是女扮男装，由他从那不勒斯带来的。人们隆重地将索菲和孩子们安顿在马斯拉诺宫，在一套富丽堂皇的住室里下榻。

室内装饰着红锦缎、花缎。摆设着波希米亚玻璃杯、中国花瓶，悬挂着威尼斯的分枝吊灯。墙上挂着拉斐尔和求里奥·罗马诺的画。在那间壁上张挂着蓝色锦缎的华丽房间，小雨果从床上望见穿着绣金花边长裙的"七痛"圣母像，她胸口插着七把利剑。

马斯拉诺宫有一条肖像画廊。人们发现小雨果独自一人坐在一个角落，默不作声地注视着那些神态做作的贵族老爷，隐隐感到了家庭和国家的骄傲。作为征服者的儿子，他跑遍了宫中所有的房间，但他却是以外国人、以侵入者的眼光，看着那闪闪发亮、古色古香的祭堂，和套着浆洗过的细布硬项圈的人物。

一开始他们过着野鸟般的生活，他们在西班牙贵族森严的大厅里捉迷藏，门帘、石像、巨大的中国瓷瓶都是他们藏身的好地方，大厅里陈列着不少贵族遗像，玩累了，雨果常常独自坐在角落里，默默地观看这些人物，幻想着他们当年的一举一动，以往的世纪仿佛在他们身上复活了。

他们那高傲的姿态，金碧辉煌的镜框，显赫的家世和耳闻目睹的西班牙民族的傲气，这一切激动着小雨果，日后在浪漫剧《欧那尼》里，他再现了当年在西班牙的印象和幻想。

对于皇帝，他本人就有两种不同的看法。他敬慕这个英雄，但他又和母亲、拉奥里一样，仇视这个暴君。对于自己的父亲，他也持这种双重态度。作为三省总督、伯爵、将军的儿子，并且靠他的名字住进如此豪华的宫殿，他感到自豪。

但是，对于使母亲蒙受了如此大的不幸的父亲，他的厌恶感与日俱增。他想到先前法军在意大利的所作所为，父亲在西班牙大肆剿捕他称之为土匪的爱国者，这使他隐隐感到难堪。当他置身在先哲肖像画廊里，给自己编造一些故事时，他总是心甘情愿地把自己当作流放异乡，而后又凯旋的角色。

快乐的日子终于结束了。雨果的父亲很怕荒废了孩子们的学业，于是便将雨果和欧仁送进了西班牙的贵族学校，大哥阿贝尔则进宫做了当时的西班牙国王、拿破仑的哥哥的侍童。

贵族学校深藏在高墙之中，各个房间都显得阴森可怖，即使在夏天，也只有极少的角落见得到阳光。

学校是由教士们主持的。那个接待他们的教士身穿黑色长袍，脖子上挂着白色翻领，一对眼睛陷在肉里，使得那个鹰钩鼻子显得分外突出，整个脸看上去很凶。使雨果很吃惊的是，他的脸异常消瘦、苍白，肌肉像是没有弹性、已经硬化了似的。后来雨果才知道他叫唐巴杰尔。

唐巴杰尔有一个下属叫唐马虞尔，他跟唐巴杰尔完全不同。他那胖胖的脸上总是堆满了笑容，显得非常和蔼可亲，说话活泼有趣。他站在冰冷铁板似的唐巴杰尔旁边，就好像是一个中产阶级市民伴随着一具幽灵。

学校的饮食原本量就很少，再加上那年又逢灾害，学生的食物越来越少，学生们肚子里饥肠辘辘。有几个大胆的便吵闹起来，唐马虞尔便教学生在肚子上画十字，说这样肚子就不饿了。

唐马虞尔虽然跟孩子一起吃饭，并不比他们多吃，可是却并不见瘦，反而更胖了。同学们都怀疑他躲在房子里偷吃了东西。不多久，雨果兄弟对他的和善也有了进一步的了解。他当面奉承学生，可背后却常常向唐巴杰尔打小报告。学生受了罚，他还要做出一副很难过、很同情学生的样子。相比之下，雨果兄弟觉得还是唐巴杰尔好，他虽严厉，但表里如一，并不虚伪。

当时，学生们必须轮流去做弥撒。但索菲是不信宗教的，她告诉唐巴杰尔，说孩子是新教徒。尽管如此，他们仍然受到尊重，一方面是因为他们的父亲让人敬畏；另一方面则因为他们表现出掌握了惊人的拉丁文知识，这点令教士们意想不到。

唐巴杰尔拿出当时西班牙拉丁文的初级读本《诗简》和《历史》，他俩根本不用字典，随口就译了出来。

为此，安排8岁的雨果和10岁的欧仁他们的学习，曾使唐巴杰尔非常为难。

因为年龄的缘故，唐巴杰尔先把他们放在小学部。可是别人的作业还没开始，他们已经完成了，剩下的时间就一直闲坐着。

唐巴杰尔只得让他们升了一级，然而情形还是一样，于是又升一级，还是不行。最后，他只得下决心把这两个孩子放到了大学生部，与十五六岁的少年一起学习，就这样，在一星期中他们一下子升到最高的班。

大学生们一开始很看不起这两个稚气未脱的小孩，后来看到自己翻着字典还苦思不得其解的课文，雨果兄弟却能随口讲解时，才自愧不如，对他们平等相待了。

小小的年纪，离开了温柔可亲的母亲，来到这四壁森严的大厦里，雨果心里非常悲伤，特别是晚上，宽大的宿舍里点着几盏昏黄的油灯，到处是黑黢黢的，那情景真是又凄凉又可怕。

可是一到早晨，当曙光透过窗户照在床头那具耶稣像上时，那情形便有点变了。造成这种变化的是学校中的一个仆人。他是一个驼子，生着绯红的脸，头发编得像一条条绳子。

他是个身穿红羊毛上装、蓝短裤、黄袜子的驼背，地地道道的宫廷小丑，照看有150张床的宿舍。西班牙孩子都管他叫"柯柯维塔"。

这个长相奇特、衣着鲜艳的矮人是学校里的活闹钟，每天早晨5时，他总是在床头的木架上"啪啪啪"地发出3声响声，把孩子们从睡梦中唤醒。睁眼见到他那古怪的身形，孩子们便嘻嘻哈哈地笑了起来，雨果心中的忧伤顿时便消失得无影无踪。

孩子们喜欢跟这个小矮人开玩笑。他们不满意他的时候就叫他"骆驼"，对他表示好感的时候就叫他"小骆驼"。而他则不管孩子们怎么对待他，总是笑嘻嘻的。

后来，雨果常常回忆起当年的情景，为自己戏弄过这残疾的人而万分内疚，于是他将这可怜的人变成了他的著名小说《巴黎圣母院》中的卡西莫多，变成了《笑面人》中那个被人贩子破了相的侏儒冠普伦，在他们那丑陋的身体中都跳动着一颗极善良的心。

重新返回了巴黎

在雨果上学的期间，索菲跟莱奥波德之间的关系越来越糟。约瑟夫国王从巴黎回到马德里后，发现了索菲写的难以数计的状纸，便把她召来，垂听她的投诉，之后，又立即将莱奥波德将军召到了马德里。

莱奥波德将军急速赶来，在国王的最后裁决之前，不得不在所有方面作出妥协。他同意在马德里任职，同意住进马斯拉诺宫，同意将儿子们接出贵族中学，同意立即付给妻子 3000 法郎，这样，她就不会再身无分文了。

莱奥波德还写信给索菲，他在信中说："今晚，在陛下这儿用过晚餐后，我会来看你。我给你送一箱蜡烛来。再见，朋友，相信我对你的爱情吧！"

争斗的结果充分体现了女士优先的原则。在国王的直接干预下，13 岁的阿贝尔直接留在侍卫团。而索菲则获准带着年幼的欧仁和雨果重返巴黎。国王同时还决定，莱奥波德将 12000 法郎的宫廷大臣薪金必须预先寄给伯爵夫人，从此不再谈及分居，这便是她获得的胜利。

雨果兄弟俩欢天喜地地离开了那个阴森的寄宿学校，踏上了归途。归途是艰难危险的，西班牙人对悍然入侵的法国人非常憎恨，因此虽有卫队护送，仍然无法使雨果母亲安心。

由车队护送的归途漫长而难受。年幼无知的雨果虽不像母亲那样担心，可是也亲眼目睹了战争的酷烈。

在布尔戈斯的一个广场上，雨果见到了一个三脚木架，架上插着一根木杆，他不明白这木杆是用来做什么的。旁人告诉他这是绞架，马上要绞死一个人。

这是雨果第一次见到绞人架，其印象之深，使雨果终生难忘，雨果后来毕生为废除死刑而战，他为此曾写了小说《死囚末日》。

然而，雨果脑中留下的西班牙别的情景，在他看来，却显得高尚美好。这里的人民为什么要把法国侵略者赶出去，他对此隐约有所理解。

这个时候，雨果不由想起来拉奥里曾经说过的话："孩子，自由高于一切。"

西班牙总是吸引着法国人，因为它保存着原始状态的情感。

年轻的雨果从这次旅行开始，脑海中就经常浮现一些无名的幻影，它们后来变成了欧那尼、吕意·高密、德·西尔瓦、唐·萨路斯特、吕意·布拉斯等。他的脑际浮现着血淋淋的情景和明媚亮丽的美景，以及一位长着两只大眼睛，一头浓发，皮肤白中带金黄，朱唇，粉颊的西班牙小姑娘，这个14岁的安达卢西亚少女名叫贝巴。

自从和西班牙的短暂然而亲切的接触后，雨果一生的思想完全被最初所获得的印象左右了。

雨果和他的母亲终于回到了巴黎。见到了那幢鲜花与绿草环抱的房子，雨果高兴极了。

由于忠心耿耿的拉里维埃尔夫人的收拾，花园打扫得干干净净，烤钎上插着烤肉，床上铺着罩单。很快，拉里维埃尔又开始教授他们拉丁文了。

雨果母亲是主张放任教育的，雨果和欧仁不再去学校。拿破仑公学的校长想收他们入学，却受到雨果夫人冷漠的接待。她也分担了孩子们对于寄宿的恐惧。所以，雨果在学习之余便在花园里尽兴玩耍，他们从大自然这本书里学到了许多东西。

索菲还在一个图书馆注了册，以后便经常打发孩子们去为她挑选书。这两个孩子一个 8 岁，一个 10 岁，在一个穿着路易十六时代的裤子和花色条纹袜的古怪的老好人做主的图书馆里随心所欲地乱翻。

雨果母亲读书非常勤，这就使得两个孩子三天两头地要往图书馆跑，渐渐地，他们也爱上了书，竟把图书馆底层的藏书都读完了。

图书馆的楼上有一个亭子间，里面放着一些思想倾向相当激进的书。图书馆老板卢阿约尔不让两个孩子进去。雨果的母亲知道了，对老板说："书籍从来不会产生什么恶影响。"

于是，雨果兄弟俩便有了随意进出亭子间的自由。这里是一个小小的书的世界，书架上堆满了书，地上也铺满了书。

雨果兄弟俩在这书的海洋中遨游，常常一看就是几小时。散文、诗词、随笔、游记、科学，各个门类的书他们都读。

欧仁和雨果经常趴在地上读书，他们发现了卢梭、伏尔泰、狄德罗、雷斯蒂福、德·拉·布列塔尼等人的著作以及《弗勃拉》和《科克船长旅行记》，那些惊险的情节，曲折动人的故事使雨果爱不释手。日后当雨果开始写戏剧和小说时，他给读者讲的也是这类引人入胜的故事。

阿贝尔、欧仁和雨果都在写诗。雨果写满了好些本子，他的思想倾向于古典的节律。不用说，这些诗句既未押韵，又不合辙，算不上诗。雨果虽然无师指导，又不懂诗律，但还是大声地念他所写的东西，发现不行，又推倒重来，寻找合适的字眼，直到听起来不觉刺耳才住手。他慢慢摸索，掌握了有关节拍、顿挫、韵辙和阴阳韵交错的知识。

索菲要求两个孩子顺从，有礼貌，她是严厉的，但又保留着温情，有正常的、严格的纪律，既不让孩子们放任自流，也不使孩子们事事不知。经常进行一些富有教育意义的严肃的谈话，这便是那种如此深沉、专注、细心的母爱的主要特征。

索菲虽然是又重新回到了巴黎，与丈夫莱奥波德分居两处，但是经过了约瑟夫国王的调停，有国王的钦断应该是一个不小的胜利了。

1813年，继约瑟夫·波拿巴失败之后，莱奥波德将军被迫回到法国。9月，他带着阿贝尔一同移住波城。

1813年9月24日，索菲给儿子阿贝尔写了一封信，信中写道：

我并未想到你父亲会禁止你给我写信，但假若情况果真如此，那么从许多方面来说，这种行为都该受到谴责。你的任务就是拒绝服从。如果我忽视了人们天生的神圣权利，禁止你的弟弟给他们的父亲写信，那么，他们也不应该服从。

倘若他已下禁令，你就背着他给我写，以避免偏见在你们中间造成一些烦恼和争吵。这种偏见已经使你父亲丧失了理智。我看得出来，我可怜的孩子，和这个人生活在一起，你得受很多苦。

我经常为你的命运，甚至为你父亲的命运落泪。他使我们受了许多苦，但他也给自己带来许多痛苦，并且这种痛苦有增无减，我的阿贝尔，希望你能过上好日子。尤其是你得把我们共同的不幸引以为训。并且看荒谬的爱情和缺德的行为要发展到何种地步。

尽管在西班牙莱奥波德官居将军，但在法国他却只是一营之长。答应给妻子的生活费没有兑现，怎样生活，成为索菲必须面对的问题了。斐扬底纳的花园已被巴黎市政当局征用，以延长于勒姆大街。索菲便搬到老杜伊勒利大街 2 号，与富歇家比邻而居，为的是利用他们公馆的花园。

雨果在斐扬底纳再次见到阿黛尔·富歇，他们一同散步交谈，一边缓缓而行，一边轻声说话，手互相触碰一下，便会发抖。这个时候，小女孩已经变成少女了。

1814 年 1 月，反法联军已经向法国本土挺进。此时正是用人之际。于是莱奥波德的要求得到批准，被任命为第昂维尔一个马上就要被反法联军合围的城市的要塞司令。

这期间，索菲的大儿子阿贝尔也回到了母亲的身边。尽管手头并不宽裕，但是索菲还是为儿子做了一件新衣服。

莱奥波德上校又成了将军。在反法联军围攻第昂维尔的 5 个月中，他不避矢石，身先士卒，使三色旗始终骄傲地飘扬在要塞的碉堡上。直至拿破仑宣布退位，他才率领士卒光荣地退出。

这一年莱奥波德将军 42 岁。从这以后他就再也没有被起用。对一个健壮得满身的精力要往外迸射的军人来说，在这样的年龄归隐田林，实在是一件残酷的事。

而且波旁复辟王朝根本不买共和国的账，退休后的雨果将军只能享受 2/3 的退休金。对于既死要面子又要负担一大家子人生活的雨果将军，这个双重打击的剧烈程度，实在是可想而知的了。

然而，波旁王朝复辟后，雨果夫人大喜过望。她的保王主义思想曾经冷却。只要她的丈夫需要依靠波拿巴家族，她便克制住自己，不让拥护国王的感情有所流露。自从拉奥里惨遭杀戮，她对篡位者的仇恨变得更强烈。

拿破仑帝国崇尚绿色。所以每逢波旁王朝的群众性节日，她都要穿上白色的上衣、绿色的皮鞋。这样做的目的，按她的说法就是："每走一步都把拿破仑帝国践踏一下！"

为了争得每一个法郎，索菲都要和丈夫大费口舌。战争的阴云一刻也不曾离开过这个可悲的家庭。在雨果将军和雨果夫人残留的来往书信中，我们可以经常看到夫妻俩为了几十个法郎而争得面红耳赤的记录。

莱奥波德将军在第昂维尔要塞一直待到1814年5月。他曾写信给国王，保证忠于他。他想，不论政府如何，一个军人应该忠于自己的祖国。这种思想高尚，却不严肃。

在这期间，他的妻子索菲由阿贝尔陪同来到第昂维尔索讨生活费。在母亲外出期间，欧仁和雨果在富歇家度过他们的空闲时间。

为此，雨果在1814年5月23日给母亲的信中写道：

　　亲爱的妈妈，自你走后，大家在这里都觉得无聊。我们经常去富歇先生家，就像你叮嘱我们的那样。他提议让我们去旁听人家给他儿子上的课。我们谢绝了他的好意。

　　每天上午，我们学习拉丁语和数学。富歇先生带我们上博物馆参观了一次。快点回来，你不在，我们不知该说什么话，该做什么事。我们坐立不安。我们不断地想念你，妈妈！妈妈！

莱奥波德早想把儿子们从这个"可恨的"妻子手里夺过来，已经让他妹妹把他们从富歇家领走了。他1814年9月到巴黎时，根据父亲的权力，把他们送到哥尔第埃寄宿学校就读。

文学上初露头角

雨果少年的岁月就这样在父母的恩怨纠葛中流逝。然而，有一点值得庆幸的是即使在硝烟弥漫的时候，激战着的双方总是把自己的命运和 3 个儿子紧紧地联系在一起。

粗暴简单的莱奥波德将军，就是在与妻子激烈冲突的 1805 年，也没有忘记把 3 岁的雨果列入自己团队士兵的花名册。而那位坚定的君主主义者母亲，在死神向她发出请柬的时候，也没有忘记为 3 个儿子的前途殚精竭虑。

正因为如此，虽然父母的婚姻不和谐，雨果和他的两个兄长，还是从父母那里得到了很好的教育，虽然这些教育往往是在不经意间进行的。

比方说，还在雨果牙牙学语的时候，父亲就教他学拉丁语了。要一个刚刚学会讲话的孩子去学一种枯燥高深的外国语言，在常人看来当然是不可理喻的，但是不可理喻的举动却使得雨果将军家的孩子个个通晓拉丁文。雨果更是在 8 岁时就能够翻译塔西陀的小说，使得贵族中学的拉丁文教师不得不重新安排他的教材，对他刮目相看。

雨果的父母亲不仅在政治观点上有深刻的分歧，而且在儿子的教育上意见也是截然不同的。雨果的父亲不赞成那种放任自流的教育方式，他希望孩子们过一种规则的、严肃的生活。他崇尚科学，他要孩子们钻研数理，将来当工程师。

于是 1814 年 9 月雨果 12 岁那年，他便把雨果和欧仁送进了哥尔第埃寄宿学校。

从 1814 年 9 月至 1818 年 8 月的整整 4 年，雨果和他的哥哥欧仁都是在哥尔第埃寄宿学校度过的。寄宿中学紧夹在修道院、监狱和德拉古市场的高墙之间，维克多兄弟把它称之为"阴森森的监狱"。

这所监狱式的寄宿学校，从此结束了雨果和欧仁童年的欢乐时代。

告别了美丽的花园，来到了狭窄而昏暗的学校，雨果曾非常苦闷。但是在这样的年龄，苦闷是容易消逝的，雨果很快便找到了新的乐趣。

在学校里，管理中学的校长是一个被免去教职头衔的病态老头，脾气十分暴躁，动不动就用他的金属烟斗敲打学生的脑袋。他还常用万能钥匙偷开学生的床头柜，企图探寻学生有否偷尝禁果的隐情。雨果兄弟对此十分不满。他们想着法子与校长顶撞，有一回兄弟俩在情急之中还差一点就动手打了校长。

少年反叛者的恣意行为引起了莱奥波德将军的极大担忧，但是少年反叛者的敢作敢为却也在寄宿中学的孩子中树立起了威望。兄弟俩很快就成了孩子们的头儿。他们把孩子们分成了两拨，各自统领一拨，冲杀玩闹。

父亲替他们要了一间单独的宿舍，到了夜晚，当他们回到属于他们自己的一间卧室时，他们引经据典，高谈阔论，仿佛他们自己真的就是当年瓜分欧洲的波拿巴兄弟。

他们还组织孩子们演戏。早在进校之前，雨果兄弟俩便迷上了戏剧，当时他俩常去看木偶戏，受其影响，他俩便萌发了自己排戏的念头。他们买了一个用硬纸片做的戏台和一副小木偶人，随后便编了一个叫《仙宫》的剧本，兴趣盎然地排演起来。

可是就在准备上演的时候，他们被父亲领进了寄宿学校。由于寄宿学校的纪律并不很严，因此他们就把在家里骤然中断的戏剧排演带到学校里来了。他们和同学们一起把教室里的书桌拼在一起，搭起了戏台，书桌下面便是后台。

演戏的不是木偶人，而是有血有肉的活演员。他们用硬板纸、金银片做成头盔、肩章、袖章和军刀，拿一个木塞，放在火上烧焦，画胡须。剧本便由雨果和欧仁创作。

所演的总是帝国间的战争。因为他们正是在充满征战的拿破仑时代长大的。排演中最困难的事莫过于分配角色了，大家都不愿做挨打吃败仗的敌人。

聪明的雨果提议大家轮流饰演敌人，并且他以身作则，首先扮演了一次普鲁士军官。此后他便总是演正面角色了。

他们戴着由金箔做成的闪闪发光的勋章，周围挤满了"将军""元帅"。那扬扬自得、指天画地的场面，连病态的校长老头也不能不叹为观止。

少年时代的雨果和当时的孩子一样，非常向往建立军功，拿破仑帝国的崩溃使他改变了志向，但万变不离其宗，建立赫赫功名，这始终是他追求的理想。

舞台的创设和剧本的写作大大提高了雨果兄弟俩的威信，于是他俩和同学们又饶有兴趣地玩起了另一种游戏。在这种游戏生活中雨果和欧仁分别成了一国之君。雨果的人民自号"犬"，而欧仁的人民则自号"牛"。

童年时代雨果兄弟俩长期与母亲生活在一起，深受她的保王主义的影响，因此他俩建立的国家也是专制的，人民不可反抗"国王"的统治，否则"国王"便可以用各种法律来惩罚他们，最重的惩罚是剥夺公权，开除国籍。

被开除了国籍便意味着剥夺了游戏的权利，这是学校内任何一个学生都无法忍受的，因此"犬"国和"牛"国的百姓非常安分守己，为了奖励这些好百姓，两位"国王"用厚纸做了紫藤色的徽章，依照品级的高下，贴上了金或银的纸花，而两位"国王"则各自让自己得了最高奖赏。两位"国王"都希望自己能充当百姓的保护人。

他俩常在自己的房间里举行会议，讨论双方人民所受的冤屈。"牛"有敢犯"犬"的，雨果一定"兴师问罪"。反之，欧仁也一定不会听之任之。

雨果一辈子写了三十几部戏剧作品，但是他的处女作就是这出在寄宿中学创作的活报剧。

在进哥尔第埃寄宿学校前，雨果便爱上了写诗。他的第一个老师——那个名叫拉里维埃尔的老神甫既是一个天真的学者，又是一个酷爱诗歌的文人。在他的影响下，雨果踏上了这条布满荆棘与鲜花的小路。

雨果一开始写的诗自然是幼稚而无个性的。最初他学那些骑士派的诗人，写一些多愁善感的情诗，后来他又爱上了雄健刚武的诗风。

拉里维埃尔并不阻止雨果写诗。雨果的母亲一贯主张让孩子自由发展，因此常常给雨果提提意见，还替他找诗题。

雨果一辈子还创作了成千上万首的诗歌，但他创作的第一首诗歌源于何处何时就无法查考了。因为雨果有一个烧习作的习惯。他的诗作写在自己用细绳订起来的笔记本上，每到年终，他都要把它们烧掉，因为他觉得这些作品还不值得保存。

但是，最早的初具规模的诗歌作品是他 14 岁时在哥尔第埃中学写就的献给母亲的诗体悲剧《伊尔达梅》，却是肯定无疑的了。

雨果在《伊尔达梅》中写道：

> 妈妈，你看见这些笨拙的诗句了吗？
> 你太严峻，对它们不屑一顾。
> 可我是你的儿子，它们是我的子女，
> 请你赏之以微微的笑意吧！
> 这些诗句不是拉辛的玫瑰，
> 人们不会给它以不朽的荣誉，

但它们像天真烂漫的山花，

这些花朵只为妈妈你绽开花蕾！

应该说，《伊尔达梅》还仅仅是一部模仿拉辛或者说是模仿伏尔泰的作品，题材也没有太大的新意，无非演绎一个合法君王战胜篡位者的故事而已。但是灵活多变挥洒自如的诗句出自一个 14 岁的少年之手，就不能不让人们感到惊叹了。

进了哥尔第埃寄宿学校，雨果创作诗歌的热情更高了。可是，哥尔第埃寄宿学校有一个叫窦谷特的老师，他的心胸很狭窄。他也写诗，他觉得学生作为他的竞争对手，很不成体统，因此从不鼓励学生作诗。

对于聪明好学的雨果，窦谷特特别戒备。雨果把罗马大诗人维吉尔的《农事诗》的第一章译成了法文，窦谷特赶紧也译了出来，目的是与雨果比一个高低，用自己的译作压倒雨果的译作。为了不让雨果有时间作诗，他充分利用了他作为一个老师的权力，他用繁重的拉丁文、数学作业来占满雨果的课余时间。勤奋的雨果便向睡眠挤时间。

窦谷特又强迫雨果准时上床，准时熄灯，可是这也无济于事，他不能强迫雨果准时入眠。睡在安静的宿舍里，伴随着欧仁的阵阵鼾声，雨果的思绪在诗的领域里久久地遨游着，他寻诗觅句，他翻译着白天老师命令他熟读的拉丁文诗歌，他那早熟的诗才就这样一天一天地成长起来了。

有意思的是，当雨果进入梦乡时，他的灵感还不肯安眠，在雨果少年时代留下的笔记本中这样写道：今天夜里，我梦里作了 4 句诗，这 4 句诗的意义，我至今还不大懂得。

我们离开地狱，是为了升天。

我们离开火焰，并不回进火焰。

圣教组织确是救人的要道，

它本身已经是人间的地狱。

正当窦谷特不遗余力地压抑着雨果的诗才时，发生了一个意外的事故。

一天雨果和他的伙伴们在巴黎郊外一个叫布洛涅林的名胜之地游玩。"犬"军和"牛"军为了争夺水潭旁边的一个高地展开了激烈的战斗，武器是做成布锤的手帕。

一开始，"牛"军咄咄逼人地把"犬"军包围了，随后便发起了进攻，"犬"军在雨果的带领下英勇奋战，不但击退了进攻，还重创了"牛"军，把"牛"军打得落花流水，溃不成军。

"牛"军中一个战士恼羞成怒，用手帕包了一块尖角的石头，奔入"犬"阵，直取"犬"王。他将石块猛力向雨果扔去，雨果大叫一声，倒在地上。石块飞击了他的膝盖，血流如注。

小伙伴们纷纷围了上来，那个勇士吓得脸色苍白。雨果颇有骑士风度地叫他放心，他决不会告发他。随后雨果又命令部下，还让欧仁告诫他的部下，谁也不得泄露机密。

回到学校后，因为带伤行走了一段路，伤口处肿起来了，晚上又发起了高烧。医生问他受伤的经过，他就说是自己跌在一块碎玻璃上。医生不相信，一再追问，他只得说是被石块击伤的，不过，那石块是谁扔的，无论医生、老师怎么追问，他就是不肯说。

因为伤势很重，他只得卧床休息，不用上课，也不用做数学题了，雨果心里很高兴，他天天躺着，随意漫想着，或者琢磨着自己已经作好的诗，过了好久才痊愈。

在那段时间，雨果也在准备综合多艺学校的课程。他的自然科学成绩很好。从1816年岁末起，他就和大他两岁的欧仁一块去路易大帝公学听课。

每天从 8 时至 17 时为上课时间。这样，为了写诗，他不得不在小阁楼里伴着烛光熬夜。小阁楼冬天像冰窖，夏天似火炉，从窗口望出去，可以看见圣苏尔比斯教堂钟楼的尖顶。

有好几个星期，他膝上受伤，只能躺在床上，这倒使他更专心于自己的爱好。

雨果在哥尔第埃寄宿学校学习了 3 年，他写过各种各样的诗，如短歌、讽刺诗、诗束、牧歌、传奇、寓言、童话、悲剧诗，他甚至还写了一部诗体的滑稽歌舞剧，翻译了许多罗马作家的诗作。

他把这些诗抄在本子上，现在还保存着的就有 10 多本。雨果把这些诗交给 3 个人评判。一个是母亲，在童少年时代，母亲常常是雨果诗歌的第一位读者；第二个是学校的一位青年教师皮斯卡拉，皮斯卡拉也喜欢写诗，而且很有鉴赏力，他常常认真地为雨果的诗作写评语。雨果曾写过一篇 500 行的长诗《洪水》。皮斯卡拉在篇后写下了这样的评语："恶句 20，佳句 32，甚佳句 15，尚佳句 5，弱句 2。"

雨果诗歌还有一个比皮斯卡拉更严厉的评判者，那就是他自己。他常常翻看自己的旧作。他的创作水平在不断提高，鉴赏能力也相应地在提高。对自己的旧作，他常常很不满意，于是他便把旧本子烧掉。

据说他在这一时期先后烧掉了 11 个本子。有的时候他用"划"的方法来否定自己的旧作。他有一个本子，第一页上写着："宽宏大量的君子不妨一读此中未曾划去的作品。"

可是翻到最后一页，你找不到一首未被划去的诗。可想而知，雨果对自己的要求是多么高啊！在他童少年时代的最后一个抄本的第一页上，雨果幽默地写下了这样一句话："我出世以前干下的蠢事。"

在这句话上面还画着一只鸟蛋，蛋里面有一些不成形状的难看的东西，下边写着："鸟。"雨果童少年时代的作品是稚气而不成熟的。但是正是它们孕育出了日后高飞的鸟。这鸟破壳出世的日子已经不远了。

1817 年，法国的最高学术机构法兰西学院举办诗歌比赛，题目是《在任何生活情况下，学习给予我们的快乐》。

当时仅 15 岁的雨果听到这条消息，心里也痒痒了，按捺不住内心的创作冲动，跃跃欲试地提笔写了一首诗。诗倒不难写，如何送去却成了雨果面临的一大难题。雨果不想声张，他心想，如果竞赛得奖，来个一鸣惊人；如果失败，免得丢人。他想托别人去送，但是学校里的学员只有星期天才可以外出，而星期天学院照例是不办公的，再说星期四便是收稿的截止日，到星期日去送也来不及。

单独一个人没有办法，雨果只得找个心腹人商量。他把重大的秘密告诉了皮斯卡拉。

皮斯卡拉想了一个好办法。星期四照例是学生集体外出散步的日子，领队人就是皮斯卡拉。皮斯卡拉把队伍带到了法兰西学院门前，乘大家都在观赏学院的建筑和喷水池时，皮斯卡拉领着雨果溜进了法兰西学院。

他们轻轻地推开秘书处的门，只见一张宽大的办公桌上堆着许多纸片，一个白发苍苍的老人神情严肃地坐在办公桌旁。

雨果第一次来到这森严的学术机构，心里七上八下，非常慌张。幸亏皮斯卡拉还比较大胆，他对那老人说明了来意，雨果双手颤抖着呈上了他的诗作和附函。那老人拿起笔，在诗篇上写了"15"这个号码。随后雨果如释重负地跑了出来。不由让他们感觉到，只要有决心，任何艰难事情都是办得了的。

他们走下楼梯，迎面撞见了从外面进来的大哥阿贝尔。阿贝尔说："你怎么在这里？"

雨果满脸通红，见无法抵赖，只得全盘招认。雨果满以为犯下天大的罪过，逃不了一场痛骂。不料阿贝尔早已过了 19 岁的年龄，并已出了校门，他曾经当过兵，并且比雨果年龄大，并不害怕法兰西学院，认为雨果的举动毫不足怪。雨果放了心，请大哥为他严守秘密。

等待的日子是很难挨的。雨果时而担心自己会名落孙山，时而又对自己的诗作充满信心。

几周以后，当雨果在学校与同学玩杠杆的时候，大哥阿贝尔来了。雨果一见他的神色，便想到他肯定带来了什么消息。

"到这里来，傻瓜！"阿贝尔大声招呼他。雨果心里一阵乱。

"你真傻，你把这种废话写到诗里干什么？谁问你的年龄来着？学院不相信一个15岁的少年会写出这样的好诗，否则你就得奖了。现在你只得了表扬。他们以为你在故弄玄虚呢！"阿贝尔装作很不高兴的样子说着，可是说着说着，他按捺不住地笑起来，雨果则高兴得跳了起来。

因为这种原因而未能获奖，这种说法不确切。其实，雨果的作品排位第九。

这是维克多·雨果第一次听到他自己在文艺上获得成功的消息。

在那个时代，受法兰西学院的表扬是一件大事。不少报纸都报道了雨果参赛并获得表扬的消息。

雨果所统治的那个小小的国家因此也变得兴旺起来，成群的国民背叛了"牛"国，逃到了"犬"国来了，他们都为自己有这样的一个有名的"国王"而骄傲。

使雨果最高兴的是窦谷特也因此转变了态度。在这之前，雨果和窦谷特发生了一次正面冲突。

一天雨果回到寝室，发现抽屉大开，他所写的日记和诗都不见了。紧接着雨果便被叫去见哥尔第埃和窦谷特。

只见他俩脸色都很严肃，桌上放着的正是雨果的抄本。使窦谷特很生气的是雨果在1816年7月10日的一则日记中写下的一句誓言："我只有一种志愿，做夏多勃里昂。"

夏多勃里昂是当时法国著名的作家，他用当时还很少有人用的浪漫主义方法进行创作，同时他在自己的作品中又竭力宣传他所信仰的基督教的作用，因此被人称为浪漫主义文学的教父。

一个小孩子，竟敢出此狂言，想达到夏多勃里昂的高度，这使窦谷特既生气又妒忌，更使窦谷特不能容忍的是雨果在日记里多次写到了对他本人的不满。

窦谷特终于开口说道："我曾经说过不许你作诗。"他搬出校规来压雨果了。

但是雨果不甘示弱，他机敏地回答："可是先生，我并没有允许过你扭掉我抽屉上的锁。"

窦谷特满以为他抓住了雨果的把柄，雨果会求饶的，没想到雨果来个以攻为守，使他有点措手不及。他使出最威严最雄辩的口才，想压服雨果，可是雨果一再坚持，写诗并不是坏事，偷开别人的抽屉才是坏事。

窦谷特自觉理亏，便对雨果发出最后通牒：如果雨果不服从的话，就要将雨果开除。然而，雨果毫无惧色。

这时，哥尔第埃先生发话了。他不想牺牲一笔学费的收入，于是他勉强调解了两人的矛盾。雨果收回了他的抄本，并且从此享有一种默认的权利，那便是爱写什么就写什么。就这样雨果勇敢地维护了自己写诗的自由。

可是窦谷特与雨果的芥蒂并未因此消除。两人平时见面不再交谈了。窦谷特上的是数学课，上课时，轮到雨果起来做数学题的时候，他总是不等老师叫，就走到黑板前。雨果不愿意因做不出，或做错题目而遭到窦谷特的批评，因此他对以前所忽视的数学定理、方程式下了很多工夫。没想到的是这一场师生冲突，获利的却是数学。

现在，法兰西学院的表扬改变了这种僵局，窦谷特在心里认了输，他意识到自己是无法同得到法兰西学院表扬的少年竞争的，于是他放弃了对雨果的一切敌意和妒忌。

雨果得到了他梦寐以求的成功。不过，学院对他的年龄产生了怀疑。一个 15 岁的少年，怎么能够写出这样古色古香的诗歌呢？雨果寄去了自己的出生证明，法兰西学院才给他颁发了荣誉证书和奖金。

1816 年，由于父亲的坚持，雨果兄弟进了大路易中学学习数理和哲学。雨果极不喜欢数学，在他的眼里，那些变化多端的数字就像是黑色的刽子手，扼杀了他的创作自由。对于物理，雨果倒很感兴趣。

物理老师蒂哀伊先生是一个善于组织教学活动的好老师，他的第一堂课分析的是一局台球，他别出心裁地用球和球、球和台边的碰撞来解释投射象、反射角、球形体的弹性等理论，雨果听得津津有味。后来雨果被老师推荐，参加了物理会考，还得了第六名。会考的试题是《露水的理论》，这个题目据说是法国著名的生物学家居维埃出的。

然而，一直以来雨果最喜欢的仍然是文学创作。

1817 年的暑假对雨果来说，"是永难忘怀的节日"。所有的朋友都来庆贺他的成功。

雨果大哥阿贝尔觉得在军队干下去前途渺茫，便毅然解甲经商，一边继续从事写作。

阿贝尔周围有一群喜欢文学的青年朋友，他们模仿当时那些大作家，也组织了聚餐会。每月 1 日，他们便聚集在一家叫埃童的餐馆里，餐桌上菜肴很简单，可是诗词却非常多。

在饭后喝茶的时候，每人必须朗诵一下他在上一个月里所写的东西。雨果是这种文学聚餐会最积极的参加者，他不但每会必到，而且每会必读他的近作。

现在他的诗歌可不再是躺在抄本里的"孤独者"了，它们拥有了自己的第一批读者、欣赏者以及评论者了。

雨果从不缺席。但是，欧仁变化无常，性格古怪，比斯加拉朋友曾戏称他为"魔鬼附身者"，拒绝了大多数的邀请，待在学校里闭门不出。为了能在席间朗读自己的作品，雨果花了3星期时间，写了一部中篇小说《布格·雅加尔》。反映的是圣多明各的起义，叙述准确，行文朴实无华，很多地方与梅里美最好的短篇小说不相上下，堪称惊人之作。这使雨果初露作家才华，显示出描写大自然的高超技艺。

一天，参加哥哥阿贝尔文艺聚会的人，收到了雨果的通知，通知中说，他的中篇小说《布格·雅加尔》已经完成了，凡是愿意听读这篇小说的人，请于当晚20时来聚会。

当晚，大家都来了。雨果拿出他的小说读了起来。这篇小说《布格·雅加尔》的素材是关于圣多明各黑奴暴动的事情。雨果是从旧报纸上读到这则消息的。

起先大家都是将信将疑地听着，不时地嘲笑着他们感觉写得不好的地方。但是后来，大家的神情都变了，他们都被小说给吸引住了，深深地沉浸在雨果所描绘的小说世界当中了。

少年雨果的正义感很强，他认为黑奴也是人，应该有正当的生存权利。在小说中他把暴动者布格·雅加尔视为伸张正义的战士。雨果读过和听过法国大革命期间有关雅各宾专政的情况，对那时的恐怖和流血印象极深，因此他在小说里表示，他希望建立平等自由社会，不要靠流血和暴力。

少年时代形成的这种信念足足支配了雨果的一生，雨果后来在他的著名小说《九三年》中更完整地表达了这种想法。

雨果读完小说，时间已经很晚了，可是朋友们并不散去，大家还沉浸在雨果所描写的那些美丽如画的景物中，被小说中那些色彩浓重的人物所吸引。

随后大家七嘴八舌地评论起年轻作者的写作技巧来。《布格·雅加尔》并不是一部成熟的作品，然而雨果在创作《布格·雅加尔》过程中所表现出来的执着追求的精神却成了雨果日后取得成功的一种预兆，正是这种精神引导着雨果从幼稚走向成熟，从失败走向成功。

这期间，雨果三兄弟打算创办一家文学周刊《布列塔尼文学》。然而，他们中有两人还在寄宿学校，而且找不到出版者，计划只好告吹。

又过了一年，欧仁以他的诗作《昂齐安公爵逝世颂》赢得了文学基金会的"金盏花奖"，而雨果又以诗作《亨利四世雕像重塑颂》获取图卢兹文学院主办征文的最高奖项"金质百合花奖"。

直至这时，文坛的权威们才惊诧地发现：法兰西文坛上的一颗新星，已经冉冉地升了起来。

文学新秀

艺术的大道上荆棘丛生，这也是好事，常人都望而却步，只有意志坚强的人例外。

——雨果

向文学方面发展

1818 年 2 月 3 日，在经过将近 16 年的"冷战"之后，法院终于判决莱奥波德将军与索菲离婚。3 个孩子的监护权通通归属到了雨果夫人名下，可是抚育他们的经济责任，包括索菲的全部生活费用，仍然必须由将军出。

当时，欧仁和雨果都还不能自立，索菲也没有工作。所以，莱奥波德将军，不得不承担他们的生活问题。

一场旷日持久的"战争"终于濒临尾声。但是，索菲在经历了婚姻的破灭后，不久就患上了严重的肺炎，她已经明显地听到了死神的脚步。

雨果和欧仁终于学完了中学课程。1818 年 7 月他们离开了学校。他们不想按照父亲的意愿，报考多艺学校，今后做工程师。他俩都醉心于文学，渴望在这一领域大展宏图。可是父亲是不允许他们从事这一没有稳定收入的工作的。幸好父亲没与他们住在一地。

1818 年 7 月 20 日，雨果和欧仁给父亲写了一封充满敬意的信，要求攻读法律。他们在信中写道：

你很清楚，亲爱的父亲，既然我们的学业已告终结，我们便不可能留在这里。我们建议你给我们每人 800 法郎，以供花用。我们本想少要一点，但假若你考虑到，你已经给了我们 300 法郎维持生活，余下的 500 法郎，如果不抠着用，势必难以支付伙食费、书籍费，注册和取得文凭的费用等，你就会感到这对于我们是不可能的。

雨果和欧仁兄弟俩对诗歌的钟爱，使父亲莱奥波德将军深感遗憾。作为一个军人，他当然希望他的儿子们也能像他一样在疆场上争得自己的荣誉。

不过他也不是一个固执己见的人。当他看到孩子们对诗歌是那样的执着时，他默认了诗歌的梦，他没有理由禁止孩子们这种高尚的追求。让他没有料到的是，这只不过是索菲的一个骗局。

8 月，两兄弟兴高采烈地离开寄宿学校，搬到小奥古斯丁街 18 号母亲家中。房间在四楼，比在赛尔什—米狄街的住宅要小。由于将军付给的生活费不允许他们租住带花园的住宅。他们终日面对面地坐在一张小桌前写诗。

其实，索菲根本就没有想过要让两个孩子当法官。从两个孩子写就的诗歌来看，她早就认定自己的孩子是写作诗歌的天才。因此，尽管欧仁和雨果在法律系读了两年多，为学习法律学交付了很大的一笔钱，但兄弟俩实际上连法律系的门也不曾进过，更不用说参加考试了。

后来，两兄弟根本没去学法律的秘密还是让莱奥波德将军知道了。不过他并不发怒，因为他已经从一份官方的报纸上，看到了两个孩子获得法兰西学院诗歌征文比赛大奖的消息。

两年多时间里，索菲让孩子们安静地坐在一间不大但却安静无比的房间里写作，而午餐之后，她就带着两个孩子出去散步。她穿着讲究的淡红色服装，披着绣有棕榈叶花纹的开司米披巾，身旁是两个朝气蓬勃的少年。她用慈母的胸怀滋润着儿子的心。她希望也相信她的孩子们一定能摘取诗歌的桂冠，为她争得双份的荣耀。

当时，还只有 16 岁的雨果就写出了《永别了，童年》：

啊，时光，你把童年变成了什么？

或确切地说，你把我变成了什么？

我寻找，哎！却只看见，

一个疯子抱怨自己明贤……

这一年巴黎新桥安置了一尊骑马的铜像，那是一个比较得人心的法国国王亨利四世的塑像。外省一个叫图卢兹的学院举行诗歌大奖赛，规定 7 个获奖名额中有一个名额是给命题诗作的，题目便是《亨利四世铜像的光复》。其余 6 个名额，题目可以由投稿人自拟。雨果又跃跃欲试了。

他手头正好有一篇现成的稿子，他就把它寄给了学院，随后便着手写那首命题诗。不料，母亲恰在这时病倒，雨果连日侍候母亲，眼看已经到了截稿期。

那天晚上，母亲病情稍有缓解，便问起这首诗，雨果本想放弃这个机会，可是母亲一定要他连夜赶一赶，她亲切地勉励雨果说："好孩子，今晚就写，明天你念给妈妈听，妈妈的病就会好的。"

于是雨果待妈妈睡着后便挑灯夜战，一个晚上，写出了 120 行诗。第二天早晨，他兴奋地把诗读给妈妈听后，便寄给了图卢兹学院。

雨果呈交的作品是《凡尔登圣女颂》，讴歌大革命时期，因为参加了普鲁士人的舞会而惨遭酷刑的一群凡尔登姑娘。他在一夜之间写出了这首颂歌，其中写道：

整个民族奉献出这尊铜像，

为纪念你，啊，骑士，

争夺巴雅尔和杜盖斯林荣誉的骁将。

请从国人的爱慕中，接受这高尚的物证：

寡妇献上薄资，孤儿省下分文，

才有你，亨利，塑像的诞生。

这首诗像是在学校作的习作，然而，无论亚历山大体与八音节诗句之融合，还是思想与诗句之和谐，都表现出如此明显的驾驭能力，因此他战胜所有的对手，获得竞赛的首奖金百合花。

不久，雨果便接到了来自图卢兹学院的佳音，雨果的两首诗都获奖了。图卢兹学院有个规定，凡一人连得3次诗奖就有权被聘为院士。

1820年，雨果又寄出一首诗，获"金鸡冠花奖"，于是年仅19岁的雨果竟做了研究院的院士。

比他大10岁的阿尔封斯·德·拉马丁也跻身对手之列。亚历山大·苏迈，图卢兹学会的成员之一，写信给雨果，赞扬他杰出的才华，并提及这位年轻诗人给法国文学带来的巨大希望。他说："自从我们收到你的两首诗以来，人人都在赞扬你颖异的天才，你为我们法国文学展开了无限的希望。如果学院抱同样的见解，图卢兹怕没有足够的花冠赠给你们兄弟两个。你19岁的年龄在这里引起了许多人的钦佩赞扬，甚至引起一部分人的怀疑。对我们来说，你简直是一个谜，这个谜只有文艺的女神才猜得透。"

这种珍贵的赞誉来自一个蜚声图卢兹，甚至巴黎，被称为"我们伟大的亚历山大"的作家。

连获双奖使雨果信心大增，他更勤勉地投入了文学创作活动。他那勃发的创作才能迫切需要找到一个阵地，总不能老是把作品藏在抄本里。阿贝尔向他伸出了援助之手。

阿贝尔认识一些作家和印刷行业的人，1819年12月在他们的帮助下，一个取名为《文学保守者》的杂志问世了。杂志的主编是雨果和阿贝尔。撰稿者则有雨果的二哥、表兄及朋友。杂志每3个月出一期，每期有厚厚的400页，杂志的内容非常丰富，有文学创作、文学評论、戏剧、美术评论、外国文学介绍和历史研究、历史著作评论。其中不少论文评论的是当代最伟大的作家，而且有不少文章提出了一些富有真知灼见的观点。

在文学上，雨果兄弟们奉行一种犹豫不决的折中主义，他认为人们从未弄清古典主义和浪漫主义之间的区别。莎士比亚和席勒的剧本与高乃依和拉辛的剧本之不同，只在于它们更不完善。

但雨果也斗胆说，如果德利尔算得上大师，那也不过是位会把人引入歧途的大师。他隐约发现了经院式爱情描写的弱点，他说："爱情的描绘是一眼永不枯竭的新思想表达之泉；它与内感的描写风马牛不相及。那里的一切都是粗俗的，只需把晶莹雪花啦、玫瑰啦、白雪啦用尽，一切意思就表达出来了。"

他要求诗人具有正直的思想、纯洁的心灵、高尚的灵魂。

雨果只敬佩他敬佩的人。他在一篇美术评论中指出，大画家安格尔的创作显示了中国绘画对他的影响，在当时还从未有人指出过这一观点。还有一篇评论对当时一个无名诗人拉马丁的处女作《默想集》赞美不已，拉马丁日后果然成了法国的著名诗人。还有的论文感叹当代法国文学大家的匮乏，作者呼吁道："什么时候才能产生像伟大事件那样的伟大诗人呢？"

拉马丁的质朴无华使雨果惊讶。雨果说拉马丁的这些诗最初令他惊奇，继而使他入迷。那些诗没有他们那种庸俗的优美和矫揉造作的雅致。

他比较舍尼埃与拉马丁的一句话颇为精辟："总之，如果我清楚地了解他们的区别，尽管这种区别微乎其微，那么可以说，前者是古典主义中的浪漫主义者，后者是浪漫主义中的古典主义作家。"

这些文章给人的印象是，这个杂志一定拥有众多的撰稿人，而且其中不乏白发苍苍、满腹经纶的老编辑。可是谁会想到，实际上其中有2/3的文章出自雨果之手。

在杂志诞生以后的 15 个月中，雨果用各种笔名写了 114 篇文章和 22 首诗。为了写这些文章，为了对各种问题有独到的见解，雨果阅读了古代传说、神话、圣经、古典作品、当代小说、戏剧及各种指南类的书籍，他的知识储备以惊人的速度增长着，学术视野大大地拓宽了，见解越来越精确了，驾驭语言的能力也更上一层楼了。

如果将这些作品都浏览一遍，就会为雨果的才智和博学感到吃惊。文学评论、戏剧评论、外国文学，他都是旁征博引，无所不谈，足见他确有文化修养，尤其是在拉丁和希腊文化方面最为突出。

苏迈和他的图卢兹朋友，如暴躁的亚历山大·吉罗、儒勒·德·雷塞基埃伯爵等在《文学保守者》杂志起了重要作用。

苏迈以他黑色的长睫毛、淳朴的表情、吸取惊世骇俗的灵感的胆量取悦于人。他可以做出巨大牺牲，只要人们在紧急关头考验他。

被封为图卢兹百花诗赛的大师后，雨果能够与苏迈以及他的朋友们以同事相称了。另一些可贵的合作者是台尚兄弟，他们的父亲在他华丽的住宅里接待过雨果。

埃米尔·台尚和阿尔弗雷·德·维尼从小就是朋友。1820 年，他介绍雨果认识了这位王宫卫队英俊的少尉。少尉也是个诗人，但尚未出版过任何作品。起初，他们还讲些客套话，都称对方为"阿尔弗雷先生"和"维克多先生"。维尼驻扎在古尔伯马阿，多次被邀请到雨果家做客。

还是通过台尚，雨果认识了索菲·盖夫人和她迷人的女儿德尔菲娜。她刚开始豆蔻年华，也写些因自己的美貌而令人赞美的诗句。女人一般都是那样自恋的，所以在外人看来写赞美自己的诗句也未尝不可，谁让德尔菲娜确实是貌美如花呢！

通过维尼，雨果认识了他的两个好友：加斯帕尔·德·邦斯和泰罗，都是他团队的军官，前者是诗人，后者热爱文学。但是雨果最希望会见的作家显然是夏多勃里昂。

雨果很快由信奉母亲的伏尔泰的王权主义，转为信奉夏多勃里昂的基督教保王主义。他希望这能使他靠近富歇一家，因为他们都是虔诚的天主教徒。拥有同样的信仰就更容易彼此接近了。

1820 年，当贝里公爵遭人暗杀后，雨果就他的死亡写了一首古体诗，引起强烈反响。有一节甚至令年迈的路易十八泪水涟涟。

这首诗歌修辞是平庸的，只是当时王国里没有更好的而已。诗歌的感情打动了国王，因此他下令赐给年轻诗人 500 法郎奖金。

一位右翼的众议员阿希，在《白旗》报上发表一篇关于古体诗的文章，引用了夏多勃里昂的一个词"神童"。夏多勃里昂是否真的说过这个词呢？没有任何证据。每当有人向他提及此事，子爵总是做个鬼脸。

而就是阿希把雨果引到圣·多米尼克大街 27 号，让雨果终于见到了他一直敬佩的夏多勃里昂。

夏多勃里昂是当时法国最著名的作家，法国文坛的领袖。雨果很崇拜夏多勃里昂，在最初写诗的时候，他就立下誓言："我要做第二个夏多勃里昂，否则就什么也不做。"

看到雨果，夏多勃里昂高兴地对雨果说："雨果先生，看见你很高兴。我的年龄和我写作的经验允许我有坦白说话的权利。我读了你的诗，里面有一些诗句是当代诗人写不出来的。虽然因为你还年轻，又初学写作，作品中难免有缺点。但是，总体看确实不错，有些地方真的很精彩。"

雨果在谈话间隙观察了这位红极一时的文坛领袖。他的脖子上系着一个黑色的领结，盖住了衬衣的领子。一件黑色长礼服，扣子扣到下巴。最美的是他的头，高贵而庄严，鼻子很直、很高，这显示着这个人有坚强的意志。眼神很高傲，微笑时也很动人。但是这微笑一闪便过，嘴唇上立刻重新恢复了严厉高傲的表情。夏多勃里昂背靠壁炉，挺着自己已经佝偻的瘦小身躯。

过了些时候，雨果又去拜会夏多勃里昂，仆人将雨果引进客厅。夏多勃里昂此时正坐在桌子前面，背朝着门，他在翻阅文稿，听见雨果进门，他连忙转身相迎。

"啊！你好，雨果先生。我在等着你来呢！请坐。从我们上次见面之后，一直很挂念你，最近在忙什么啊？你是不是一直在写什么文章啊？是不是又写了许多诗啊？"

"是的，诗我是常常在写的。"雨果回答。

"你做得对。写诗，要写诗，这是高级的文学。我也写过诗，可后来就改写散文和小说了，这让我很后悔，因为诗是高级的文学，我就那样放弃了，真的不应该。不过我还写过悲剧小说，你知道吗？让我读一段给你听听吧！"

秘书这时已经把书稿送来。夏多勃里昂富有情感地读了其中的一场对话。雨果觉得这对话写得很好，很值得自己学习和借鉴。之后他又同雨果谈起了文学，谈起了文学的创作方式、方法。雨果惊奇地发现，他和自己在很多文学观点上都是相似的。雨果觉得他很和蔼可亲。

在第二次拜访时，雨果赠给夏多勃里昂先生一首古体诗歌，题名《天才》。从此以后雨果时常去看他。雨果觉得夏多勃里昂是一位能对自己将来有帮助的朋友，他可以在文学道路上给雨果有所启发。

以后，雨果与夏多勃里昂一直保持通信。在信里两人继续谈论文学，谈论人生。两人惺惺相惜，他们在彼此的通信中体会到拥有一位志同道合的朋友将是一件多么美好的事情啊！雨果从与夏多勃里昂的通信中得到不少收获。他们之间这种亲密的关系一直延续着，直至夏多勃里昂去世。

一直以来，雨果奋笔疾书，文思如泉涌。一个个比喻自动地从他那生花妙笔之下跃然而出，少年雨果就这样以艰苦的劳动，灿烂的成果告别了他的学步阶段，昂首阔步地进入了他那成果卓著的成年时期。

青梅竹马的爱情

有一位黑眼睛姑娘怀着激情目击了雨果的迅速成名。她就是阿黛尔·富歇。

年轻的雨果在迷恋文学的同时还迷恋着这个美丽的少女阿黛尔。阿黛尔的父亲富歇是雨果父母的好朋友。富歇结婚时雨果的父亲是证婚人。在酒席宴上，结婚不久的雨果父亲举杯对富歇许了个愿："你们养个女儿，我们养个儿子，两家结个亲吧！来，为未来的小两口子干杯！"

雨果父亲的愿望真的实现了。富歇果然生了女儿，可是雨果的父亲却有了3个儿子。

在孩提时代，雨果三兄弟常和阿黛尔一起玩耍。两个大一点的哥哥对阿黛尔都颇有点绅士风度，遇事总是让她几分。只有雨果，因为与阿黛尔年龄相仿，常常为树上的一个苹果或一个鸟窝而争吵，甚至升级为"暴力事件"。最后阿黛尔和雨果只能各自向自己的妈妈哭诉，由两位妈妈来调停他们之间的冲突。

光阴荏苒，阿黛尔出落成了一个美丽的姑娘。在雨果兄弟离开中学后，每天晚上，母亲总要带两个儿子去阿黛尔家串门。富歇先生总是坐在桌旁，把头埋在书里，富歇太太天性沉默寡言，和阿黛尔坐在一起，默默地做着针线。

雨果兄弟虽然在精神生活上非常自由，可是在行为上却是非常守规矩。母亲从小便告诉他们，别人不问他们的时候，不可随便说话，因此他们俩也很少谈话，只有雨果母亲说上几句极简单的话。

雨果很喜欢这些沉闷单调的晚上，每天吃完晚饭，他总是急不可耐地催促着行动迟缓的欧仁，要他快点出发。到了路上，他总是行色匆匆，恨不得一步跨到富歇家。偶尔有一天因故不能去串门，雨果便显得郁郁寡欢。因为不知道从什么时候起，雨果兄弟俩都爱上阿黛尔，也许正是在那些安静的夜晚，在倾听炉火"噼啪"爆响的时候，爱神悄悄地降临到了他们中间。

阿黛尔低头做着针线，弯弯的柳眉下一对乌黑的眼珠闪着光。偶尔，她会抬头偷偷地向雨果瞥上一眼。在她的心里也已经有了雨果的形象。

如果说，莱奥波德与索菲的"两人战争"是突然爆发的一见钟情，那么，新一代的"两人战争"就是"润物细无声"似的青梅竹马、两小无猜了。

由于父辈的关系，他们很小就在心中记住了对方的名字，并默默地关注着对方的信息。只是由于所受的保守主义教育的影响，他们只能把彼此之间的这种关注深深地埋在心里。

雨果兄弟读他们的书，写他们的诗，而阿黛尔除了读书，还要跟着母亲学习缝缝补补，闲下来的空隙也就不多了。

时间一晃过去了 10 年。当雨果兄弟再次见到阿黛尔时，他们简直被眼前的情景惊呆了，之前的那个浅黄头发的小女孩，已经是一个倾国倾城的天仙了。

最近几年阿黛尔一直关注着朋友们在文学上的进步。雨果兄弟在文坛上崭露头角，尤其是雨果写的那些优美的诗歌，总使她心里感到一阵阵的蜜意。

然而，阿黛尔到底是生活在巴黎这个浪漫多情的城市。当时间老人又无情地走了一段路程之后，在费里扬大街一个小花园的一棵大树下，阿黛尔终于大胆地向雨果表白了。

一天，当阿黛尔独自和雨果待在大栗树树荫下的时候，阿黛尔问雨果："你一定有些秘密，其中有没有一个最大的?"

雨果肯定地说："有。"

"我也有一个，"阿黛尔直截了当地说，"你把你的那个秘密告诉我，我也把我的那个秘密告诉你好吗？"调皮的阿黛尔迂回进攻了。

雨果不假思索地回答说："我爱你。"

阿黛尔连忙回答说："我最大的秘密也是我爱你。"

从此，这一对青年人便背着父母单独地来往了。雨果的文才充当了爱情的信使，他常常写一些感情炽热的信给阿黛尔，并且他更努力地进行着文学创作。因为他明白，要跟阿黛尔结婚，经济上非自立不可。

这番对话发生在 1819 年 4 月 27 日，维克多·雨果 17 岁，阿黛尔 15 岁。虽然羞涩和理智使他们始终把爱情保存在天真无邪的宝瓶里，但 4 月 27 日这个日子却永远烙在了这对少男少女的心中。

富歇家去距巴黎不远的伊西避暑。雨果有时也随母亲一块去小住。其余的时间，只能遥想着不在身边的姑娘。

1819 年至 1820 年冬，雨果开始与阿黛尔通信，倾诉着相互的爱意。当时雨果正在阅读歌德的《少年维特之烦恼》，翻译贺拉斯的情诗，所以他给阿黛尔的信笺上，到处都进射着爱情的火花。阿黛尔对这些文字十分羞涩，仿佛这就是"原罪"。

1819 年 12 月，当雨果把献给她的长诗《最初的叹息》带给她并要求换取她 20 个亲吻的时候，她先是答应了，后来又讨价还价，最后只给了 4 个吻。

阿黛尔有时像一位多情的女郎，但更多的时候是以遭受母亲斥骂的少女典型的方式来回答他。

富歇夫人宣布，女儿向一个年轻男人表示爱慕，她极不高兴。阿黛尔请求雨果在他们交往中要小心谨慎。尽管感到遗憾，他还是同意了。

1820 年 2 月 19 日，雨果给阿黛尔的一封信中写道：

　　我想以后在大庭广众之中相会时，我们应该保持最大的克制。经过长时间的斗争，我必须禁止自己和你坐在一起。

　　在此，我谨请求你可怜我不幸的嫉妒，避开任何男人，就像避开我一样。我不再来到你身边。至少，让我能宽慰地看到，唯我享有一种幸福，只有你的利益才能使我放弃这种幸福。留在你母亲身边，到别的女人当中去。

　　你不知道，我的阿黛尔，我爱你到何种程度。我不能看见另一个男人靠近你，我会为此而惶惶不安，嫉妒得发抖。我的肌肉绷得很紧，胸脯胀得鼓鼓的，得使出全身力气，极尽谨慎才能自制。

　　然而，就在 12 月 28 日，他们获准由阿黛尔的弟弟保尔陪伴，去法兰西剧院看戏。上演的是《哈姆雷特》。雨果后来给阿黛尔的信中写道：

　　告诉我，亲爱的朋友，你还保留着那个迷人夜晚的记忆吗？你还记得吗，我们在剧院附近的街上等你弟弟好久。你还对我说，女人比男人更多情，你还记得吗？演出自始至终你的手臂一直压在我的手臂上面，我给你引来一些将面临的不幸。果然，这些不幸很快就袭击了我们……

　　一天，阿黛尔把一封信藏在自己的短上衣里面，不料当她弯腰穿鞋的时候，信却不小心掉了出来。富歇夫人立即问她："这是什么？告诉我。我想听听。"

　　阿黛尔无奈之下只得叙述了同雨果的爱情，并且坦白说他们已经打算结婚。富歇夫妇讨论了一下两个孩子的处境，认为只有两种办法来解决阿黛尔和雨果之间的事情，那就是或者让两个年轻人订婚，或者让他们分手。他们不能容忍自己的女儿不明不白地和一个小伙子这样秘密地交往，这样的话，谣言会不断产生，影响他们家的名声。

皮埃尔·富歇并不反对让他们结婚的主意。在他看来，一个帝国将军，尽管只领半饷，仍然是一个理想的公公。他相信雨果将来是有发展前途的。同时，他也了解其他人对这位年轻人的一些评价。大家几乎都认为雨果是个不错的小伙子。他觉得自己的女儿能有雨果这样的男人做丈夫也是件非常不错的事情。

但这件事一定要由家长们定下来。因为他实在无法忍受周围人们不断的流言蜚语的骚扰了。

1820 年 4 月 26 日，富歇夫妇郑重其事地来到雨果的家，他们想要和雨果的母亲谈一谈关于孩子们的婚事。可是谈话的结果是令人沮丧的。因为雨果的母亲认定儿子将来肯定会誉满天下，富歇家的女儿根本配不上自己的儿子。如果让他娶一个富歇家的姑娘为妻子，一定会毁了他的一生。因此雨果母亲断然地表示："只要我还活着，这门亲事便永远也不可能成功的。"

雨果母亲这种盛气凌人的态度把富歇夫妇彻底激怒了，于是他们立即决定与雨果家断绝来往。他们也不允许女儿阿黛尔再和雨果纠缠不清。就这样这对热恋中的情侣被家庭的纷争彻底拆散了。

雨果被叫到了沙龙，他们向雨果宣布了让他和阿黛尔一刀两断的事情。当着富歇夫妇的面，雨果努力地克制住了自己悲伤的情绪，但他认定了他们俩人的爱情是可以战胜一切的。当富歇夫妇走后，索菲看到儿子雨果的整个脸色都苍白了，他一直沉默不语。虽然索菲有点心疼，她用比平时任何时候都亲切的语言劝慰他，但是雨果还是跑了出去，心痛地哭了很久。

失恋的痛苦让雨果无法忍受，他和其他的青年人失恋一样，整天失魂落魄的。一开始，他什么也不能写了，《文学保守者》需要他交

雨果·文学新秀

稿子，他只是拿些原来的旧稿子去凑数，夏多勃里昂请他到大使馆当秘书，他也不肯前去。

他的生活整个被失恋的打击搅乱了。后来他想出了一个办法向阿黛尔表示自己的忠贞不渝，他要写点东西给她看，他要让她知道自己是不会放弃和她之间的感情的。无论家庭的阻碍多么难克服，他都会坚韧地为这份伟大的爱情付出一切。

他在《文学保守者》上发表了《被放逐者的哀诗》，叙述的是彼特拉克的门徒海孟·达斯高利，因钟爱一位少女被父亲逐出家门，因此宣布他将自杀的故事。

其中，有这样两句诗： "你要永远把我思念，要忠于我们的誓言。"

雨果想，富歇家订《文学保守者》，阿黛尔见了这两行诗，一定能领悟这是为谁而写的。

迎娶了心上人

两个热恋中的情人，就这样让一道沉重的铁幕，硬生生地隔了开来。雨果只好用拼命写作来淡化失恋的苦涩。

后来雨果找到了一个跟阿黛尔见面的机会。那时，阿黛尔正在学习画画，她的老师便是雨果未来的嫂嫂、阿贝尔的女朋友柔丽。雨果常常在柔丽家门外等阿黛尔，见缝插针地跟她说上几句话。

雨果跟阿黛尔的通信仍在偷偷地进行。后来《雨果全集》中收了一束题为《给未婚妻的信》的书信，其中这一时期写的信特别多，特别感人。在一封信中雨果对阿黛尔倾诉道：

上一个月5日，我心里有些念头在压迫我，诗不能使我倾吐出来，因此我动手，写一种散文小说。我的心充满了爱情、苦痛和青春。我已经失掉了你，我的秘密不敢告诉任何人，只有托之于无言的听话者：我想找一个地方，把我这颗新鲜而炽热的心的混乱跃动，把我追怀往事的苦味，把我前途希望的渺茫保存起来。

我想描写一个少女，如我童年时代所梦想的，少年时代所遇到的，纯洁、鲜艳、如天神一般，那就是你呀，我亲爱的阿黛尔！我想描写你，描写我已经失去而只能在遥远的将来再出现的你，我悲伤地描出你的影像，作以自慰。我想在你的身边摆一个少年，不是像我这样，却像我所想表现的那样。

雨果后来写出了这部因爱情受挫而诞生的小说，他给这部小说起名为《冰岛魔王》。

通过写作，雨果结识了日后在法国文坛发挥重大作用的一批新锐，有高乃伊、拉马丁、丹桑、维尼、德菲娜、圣佩韦等。通过与这些文坛才俊的交往，雨果对于诗歌，对于文学，甚至对于整个世界的看法都产生了急骤的变化。

1821 年 2 月一个清晨，当雨果与阿黛尔在一条街上偶然相遇时，长辈们敷设的樊篱顷刻之间就荡然无存了。他们又开始了秘密的通信。这些通信往往都署假名，寄到邮局待领。邮局的这种业务现在是不复存在了，但在 19 世纪的欧洲却十分盛行。

两个人都知道要真正走到一起将会有多少困难，多少阻碍。尤其是雨果，他对母亲刚毅的性格了解得太深了。要让她改变自己的决定，简直是不可能的事。

但是，一个偶然的意外改变了事情的发展。

索菲突发重病。由于不堪在四楼没有花园的房子里住下去，她于 1821 年 1 月搬到表齐埃尔街 10 号楼下阿贝尔租的一套房子里。

儿子们因为受到她的严格的教育和培养，已经习惯于亲手劳动。他们成为木匠、瓦匠、地毯工、染匠，因为他们的母亲再没有多余的钱财来安顿布置新家。索菲和孩子们一起翻土、植树、嫁枝、铲草，她累得精疲力尽，浑身发热，因此着了凉，患了

胸部急性炎症。儿子们通宵达旦地照料她。

到6月26日半夜她昏昏沉沉入睡后，竟再也没有醒过来，就此便与她心爱的儿子永别了。

阿贝尔被指定帮助弟弟们料理丧事。三兄弟和几位朋友，其中有一位年轻教士罗安公爵，雨果最初的诗歌评论的欣赏者，一起把她护送到沃吉拉尔墓地。

雨果悲伤得几乎失去了生活下去的勇气。深夜，他离开了母亲的墓地，不知不觉地来到了阿黛尔家。已经很晚了，可是阿黛尔家里仍然灯火通明，从敞开的窗户里传出了阵阵音乐声和欢笑声。雨果沿着熟悉的楼梯上了楼，在玻璃门旁他停住了，他看见一个漂亮的姑娘，盛装艳服，乌黑的发髻上别着鲜艳的花朵，正在翩翩起舞。那不正是阿黛尔吗？

在他悲痛欲绝之时，她竟然在狂欢。雨果被一种巨大的失落感击倒了，他不知道他是怎样离开阿黛尔家的，后来他用诗句记录下了他当时的感受：

　　　　他的命运就是被遗弃；他那孤零的生命就像一棵黝黑的橡树，生长在那山谷里。遥远的地方，那纯洁的百合花，正向着太阳，展开着她的蓓蕾。

雨果与阿黛尔相爱的消息传出之后，一直暗恋着阿黛尔的欧仁，就没有给过弟弟好脸色。这让雨果感到恐惧、孤单。他需要倾诉，他需要温暖。第二天一早，他再也顾不得长辈定下的规矩了，不由分说地闯进了阿黛尔正在散步的公园。阿黛尔一见到他那苍白的脸庞，心儿就撞鹿般地跳了起来。

阿黛尔心中惊讶地问道："出了什么事吗？"

"我妈妈死了，我们昨天埋葬了她。"

阿黛尔目瞪口呆，喃喃地说道："可是，真对不起，我昨天却在跳舞！"过了一会儿，她终于舍弃了那份少女的矜持，猛地扑向雨果，抱着他的脑袋，"嘤嘤"地哭了。

值得一提的是富歇先生。虽然索菲在儿女的婚事上高傲地侮辱了他，但在他得到这位同乡的死讯后不久，仍然不计前嫌地跑到雨果家中，向孩子们表示了深切的同情。他恳切地建议小伙子们离开巴黎。因为一个没有正当收入的人要在这个大都会维持生活实在是太难了。

为此，雨果写信给他父亲报告噩耗，他在信中写道：

> 我们的损失是巨大的、无法弥补的。然而，我亲爱的爸爸，你还健在，我们对你的爱慕和尊敬有增无减。你应该真实地了解她的心；她从未带着愤恨谈到你，无论过去和现在，评判你和她之间的可悲的不和都不是我们的事儿。

> 既然从她那儿只留下了纯洁无瑕的记忆，其余的事情不就烟消云散了吗？我们可怜的母亲只留下对我们弥足珍贵的几件衣服，她的医疗费和安葬费大大超过了我们的菲薄财产。我们留着的少许几件值钱的东西，譬如银器、手表等，早已没有了。它们又能派什么更好的用场呢？我们还欠着她的医生和别的几个人的债。

> 如果你不能承担，我们将努力用我们的劳动成果来慢慢清还。家具不值一钱，是阿贝尔的，妈妈无力支付房租，便和我们一起住在他家。我们的目的，亲爱的爸爸，就是尽早减轻你的负担。

莱奥波德将军此时的经济状况仍不见好。索菲去世后的第27天，他才与一个已经与他同居了18年的女人结婚。

由于手头拮据，他甚至连结婚的信息也没有通知给自己的兄弟姐妹。不过他到底还是一个满怀舐犊之情的父亲，得悉孩子们的困境后，他立即给孩子们寄了钱。不过这些钱的数目实在太少，只够孩子们维持最起码的生活而已。

雨果的母亲死了，可是她当初拒人于门外的情景仍然留在富歇的心里。为了避免雨果的来访，他们家没有像往年那样在巴黎近郊避暑，而是在一个叫德勒的小城里租了一幢房子。

从巴黎坐驿车到德勒要花 25 个法郎。雨果刚办了母亲的丧事，欠了不少债，因此是不可能有 25 个法郎用来坐车的。可是富歇只计算了雨果的经济状况，而忽略了雨果的意志，他没料到他们一家 7 月 15 日坐马车刚出发，16 日雨果便徒步追了上去。

头顶是 7 月的骄阳，脚下是毫无遮阳歇凉处的大路，雨果不停地走着，虽然走得筋疲力尽，但是他没有一丝一毫的沮丧。在给朋友维尼的一封信中雨果写道：

> 我用自己的双脚走完了 20 法里，我非常自豪。现在，我看一切车辆都很可怜，要是您此刻和我一块儿，您就会发现，您从来也不会见到比我更狂妄的两足动物了。

19 日他终于到达了德勒城。他下定决心，要在城里逛到遇上阿黛尔和她父亲才罢休，结果果然如愿了。阿黛尔见到了雨果，简直不相信自己的眼睛了，因为父亲在旁她无法跟雨果说话，过后，偷偷给他写了一封信。

雨果的举动大概打动了皮埃尔·富歇这位正人君子的心。他过去认识的小雨果一直都是虚弱、瘦小的，似乎不愿接受生活的挑战。而现在，他发现这个年轻人身强力壮，有自制力，既热烈又执着地表达自己的爱情。他认为，在这位故友的儿子处在如此忧闷的时刻，不能将他拒之门外，于是接见了雨果，并询问他的打算。

"富歇先生，我很荣幸地向您的小姐求婚。"一进门，雨果便开门见山地对富歇说。

富歇没有思想准备，瞪着眼，一时不知说什么好。他转身向太太求援，太太低着头，只管飞针走线，似乎没听见似的。他又朝女儿望望，女儿在往花瓶里插花，似乎在抿着嘴笑。

"你用什么来保障阿黛尔将来的生活呢？"富歇终于说话了，而且他单刀直入，一下子便触及了最重要的问题。

雨果胸有成竹地说："这个问题我早就考虑过了。我妈留下了够多的钱，使我能够慢慢等待机会。我的小说很能卖钱。"

他已经开始写一部具有瓦尔特·司各特风格的长篇小说《冰岛魔王》，肯定会畅销。

富歇可不像雨果那么乐观，作为一个过来人，他只相信眼前确实存在的东西，至于将来谁能保证呢！雨果似乎看出了富歇此刻的心情，于是又补充说道："我的法国文艺学会的朋友照顾我，我又替王室办了不少事，国王会给我一份固定的津贴的。"

富歇似乎被说服了，于是他接着又提出了第二个问题："你的父亲雨果将军会同意吗？"

这个问题使雨果很为难。确实，雨果与他父亲的关系比较疏远。父亲坚持要他和哥哥读多艺学校，以便将来找一个有保障的职业。母亲死后，父亲再次提到这个问题，他要他们找一个有固定收入的工作，否则他不给他们津贴。这实际上要雨果兄弟放弃文学创作，雨果和欧仁自然拒绝了。

另外，雨果总觉得父母亲分居，责任在父亲，是父亲背叛了母亲，另有所爱。现在，在母亲死后，父亲已经和那女人结了婚。为了母亲的缘故，雨果不愿写信去求父亲，他觉得那样做就得承认继母，就是背叛母亲。但是为了阿黛尔，雨果还是决定努力去取得父亲的同意。他对富歇肯定地说："只要不操之过急，我一定能得到他的同意。"

这一切并不可靠，但两个年轻人真心相爱。因此，皮埃尔·富歇决定订婚的消息不对外宣传，他的家门仍不对雨果敞开，但阿黛尔可以和她选定的求婚者通信。

当雨果回到巴黎时，他从原先住的那幢有花园的楼房里搬了出来，这楼房的房租太贵了，因此他只好与一位表兄合租了一个阁楼。一间辟作客厅。它的豪华之处就是有一个用圣阿纳生产的大理石砌成的壁炉，上面悬挂着百花诗赛获得的金百合花。另一间房其实是一个小走道，光线暗淡，很难摆进两张床。两个表兄弟共一个衣柜。这对雨果已绰绰有余，因为他仅有 3 件衣服。

后来，雨果以马利尤斯之名，描写了一位年轻人，这正是他住在龙街时的模样，他写道：

> 额高而聪明，鼻孔轩豁，富有热情，气度诚恳稳重，整个面貌有一种说不出的高傲，若有所思和天真的神态。他的态度是谦逊，冷漠，文雅，不很开朗的，他还吃着人们所谓"疯母牛"的那种说不出的东西。在马利尤斯的生活中，有一个时期，他自己扫楼梯，到水果店里买一个苏的布利乳酪，他买一块排骨，自己弄熟后，要吃 3 天。第一天，他吃肉，第二天，吃油，第三天，啃骨头。

当时雨果非常穷，他身边有 700 法郎，必须精打细算地用一年。如果你要了解雨果那时的窘迫，只需读读《悲惨世界》这部长篇巨著所描写的贵族青年马利尤斯落魄后的生活描写：

> 吃衣服，吃表，都还不算什么。他还吃着那最可怕的东西，叫作"疯牛"。真是个吃不消的东西啊！所谓"疯牛"就是无面包的日子，无眠的长夜，无蜡烛的晚上，无火的炉

雨果·文学新秀

· 67 ·

子，无工作的星期，无希望的前途，捉襟见肘的衣服，使少女们发笑的破帽子，因欠房租而夜里叫不开的门，门房和伙夫的冷眼，邻居的怪笑，处处丢脸，处处低头，急不暇择地接受任何工作，恶心、苦味、困顿。

6个月一晃就过去了。6个月中他与阿黛尔之间的书信不绝。在书信的来往中充满了他们对未来的憧憬与向往。雨果在坚忍不拔地向着目标挺进。可是在他就要登上山峰的时候，富歇先生周围一伙充满市侩气的亲戚们，又对他展开了一轮新的进攻。他们抱怨富歇夫妇糊涂，认为让一个一事无成的小混混走进家门，简直把富歇家族的脸都丢光了。

阿黛尔疑惑了，无奈之中她不得不把亲戚和长舌妇们的议论告诉了雨果。这深深地刺痛了雨果的自尊心，他立即给阿黛尔写了一封诀别的信，表示要用死来反抗那些侮辱了他人格的浑蛋。阿黛尔吓坏了，雨果家族的人可都是说得出做得到的人！她急忙作出解释，说那都是别人的议论，只要两人真心相爱，又关着别人什么事了！

1822年3月8日，在阿黛尔的敦促下，雨果写信给父亲，请求他同意自己与阿黛尔的婚事。信先给阿黛尔看了。除了对她所作的天使一般的描绘外，她觉得这封信写得好极了。

阿黛尔告诉雨果她希望的是幸福而不是尊荣，她认为雨果在信中写道："唯一能使我考虑与你结婚对我有利的原因是你'父亲的地位'。"她告诉雨果："我向你声明，你摆在第一位的原因，对我来说，排在最后面。既然我已是你的妻子，外加一个学院院士妻子的头衔又有何意义？做一个将军的儿媳于我又有何益，你明白吗？"

雨果期望父亲能答应这门婚事，但是他也做好了父亲不同意的打算：如果出现那种局面，他和阿黛尔就私奔，到外国去举行婚礼！

好在没有出现这种局面。几天之后，雨果将军就回信表示同意他们的婚姻，并且郑重其事地代表儿子向富歇先生求亲。将军认为富歇先生的社会地位完全"够格"，两家间的通婚完全是"门当户对"的。

将军的回复非常得体。虽然将军在信中对儿子们不认可自己的第二次婚姻表示了不满，并且对雨果婚后的经济状况表示了担忧，但雨果却觉得父亲说得在理。

为此，雨果写信对父亲的第二次婚姻表示祝贺，而后便投入到了婚事的准备工作中。他要让富歇家族那几个饶舌的亲戚们看一看，阿黛尔到底嫁给了一个什么样的人。

怎么摆脱贫困？靠自己的工作。雨果埋头作诗，手头的诗作一天一天地在增加，这时，阿贝尔为他出了主意。他劝雨果把诗结集出版。可是哪一个出版商愿意承担一本诗集的印刷费呢？

一天，他突然接到了一页诗稿的排印清样，稿纸的角上标着"1"字，可见后面还不止一页，他很奇怪。后来才知道是阿贝尔为他设法找到了一家印刷局。

书是在 6 月份印好的，封面为灰绿色，印数为 1500 册。剩下的是得找销售人了，诗集不好卖，因此书店一般都不肯卖诗集，因为它也要在橱窗里占一个位置。

这个时候，又是大哥阿贝尔帮助了他。阿贝尔委托王宫广场的贝利西耶书商帮助销售，靠了他的面子，雨果的诗集被放进了橱窗。

在琳琅满目的书橱里，这本取名为《颂歌与民谣集》的诗集并不引人注目。它的装订显得很寒酸，灰色的书皮上，印着一只古瓶，瓶上缠着几条蛇，意思是指妒羡之蛇，可是因为画得不好，显得毫无生气，倒好像从药店玻璃瓶里逃出的死蛇。

铅字都是从废字模筐里拣出来的。可是里面的诗歌都凝结着雨果的天才和辛劳，那华美的诗句像中午的阳光，使雨果笔下的事物都染上了一种辉煌的色彩。

像很多刚出版处女作的作家一样，雨果很关注他的第一本诗集，一连几个小时他在橱窗前走来走去，他看到诗集摆出去不到一刻钟，一个顾客走进来，买走了一本，这个顾客可不是一个平常的诗歌爱好者，他叫梅内仙，是国王路易十八的御前侍读。

他拿进宫读给国王听。雨果青少年时代，受母亲影响形成了保王主义的观点，在审美趣味方面，接受了古典主义诗歌的影响。

当时，古典主义诗歌在法国已流行了200多年，它追求典雅、规范，很符合宫廷的审美口味。因此路易十八非常喜欢这部诗集，他让侍读读了一遍又一遍，还动手在诗集上写了眉批。

自然他是按照他的观点和品位来评价雨果的诗的，他在一首写到他的诗旁批道："绝妙。"

雨果自己为诗集写了序，在序言中他初步显露了自己的文学观点：

不仅要关心诗的形式，更重要的是关心诗的意境。单纯的诗句还不是诗。诗存在于思想之中，思想来自心灵。

诗句无非是美丽身体上的漂亮外衣。诗也可以用散文的形式来表达，不过在庄严美妙的外表之下，要有充实的思想内容，诗才显得更完美。心灵中的诗启发人的高尚情感、高尚行为以及高尚的著作。

令雨果惊喜的是，一般的读者也很喜欢这本诗集。诗集出版后很畅销，第一版很快就销售一空，第二年又再版。

第一版1500本，扣除了印刷费和销售费用，雨果得到了750法郎。这本诗集因畅销而创造了可观的效益，雨果也得到较高的报酬，他用这本诗集得来的钱改善了家庭的生活。

由于雨果创作了不少让人喜爱的颂歌，内务部曾答应给予他总数为 1200 法郎的补助年金，以前一直没有拿到手。为了筹备婚礼，雨果找到了热心诗歌的贝里公爵夫人。经过公爵夫人的努力，雨果终于从国王特别基金中拿到了这笔钱。

现在，加上富歇先生给女儿的总值 2000 法郎的嫁妆，年轻夫妇已经拥有了将近 4000 法郎的财产。4000 法郎在 1822 年的法国，已经是一个不小的数字了。

1822 年 10 月 12 日，维克多·雨果与阿黛尔·富歇的婚礼在圣修皮斯大教堂举行。修道院院长、昔日的旺岱公爵罗汉主持了婚礼。新郎方面的证婚人是阿尔弗斯·维尼和特意从南特赶来的哥尔第埃寄宿中学的班主任皮斯卡拉。新娘方面的证婚人是她的舅父安西林和杜维达尔·蒙弗莱侯爵。

在富歇家中摆设了婚宴。接着，在军事法庭的大厅里举行了舞会。就是在这间大厅里，雨果的教父拉奥里将军被判处死刑。

雨果所走的道路是多么的艰难，他还只有 20 岁，但是已经站在荣誉的大门口了。年迈的国王赞美过他的诗，文坛的长辈褒奖过他的诗，年轻的学子常诵读他的诗。诗人们称颂他，评论家夸奖他。他用热情与诚恳征服了意中人，赢得了一场两个人的"战争"。他用自己的行动和成果，让所有的人都不得不承认他对人生对事业的选择是无可挑剔的。

看着红光满面的阿黛尔，雨果感到无比的幸福。可是就在他举杯向爱妻微笑颔首的时候，他忽然看到从南特赶来的老师皮斯卡拉，挽着他小哥哥的臂膊，匆匆地走了出去。雨果的心里一沉，会不会是欧仁出了什么事呢？

整个晚会期间，皮斯卡拉这位麻脸的年轻教师注意到了欧仁异乎寻常的激动。他似乎失去了自制力，言语失常。皮斯卡拉悄悄地告诉了阿贝尔，两人把他带走了。

夜间，这个不幸的人精神病发作。他性情抑郁，总以为受人迫害。他热恋着阿黛尔，长期以来经受着难以忍受的嫉妒的折磨，一旦看到弟弟的幸福情形，自然不能忍受了。

幸好这天晚上，新婚夫妻对这场悲剧一无所知。

就这样雨果扫除了通往爱情之路上的障碍，终于与他青梅竹马、心心相印的女友结了婚。他把第一本诗集献给阿黛尔，而那750法郎的稿费，他也一次花光，买了一条价值最贵的法兰西羊毛围巾，这是结婚聘礼中最辉煌的一件。

继续努力创作

婚后的几天是冷清的。人们让他们专心致志地沉醉于幸福之中。

一大早，皮斯卡拉就神色惊慌地敲响新房的门。欧仁的病状很令人不安。雨果急忙跟着朋友赶来，发觉他可怜的幼时伴侣正在说胡话。

实际上，欧仁·雨果是一个比弟弟更敏感更好强的人，天分也很高。只是弟弟从小就很会说，而欧仁却喜欢把话藏在心里。

小时候，欧仁也是推着翻斗车载着阿黛尔在院子里疯跑，看着阿黛尔一天天长大的一个。还在很小的时候，他就暗暗地爱上了她。可是他从来都不说，而阿黛尔也从来都不知道身后有这样一双眼睛。

可怜的小伙子就在暗恋中苦苦地折磨着自己。雨果与阿黛尔订婚的消息传开后，他的苦楚更加深重。他怎么也弄不明白，同是一母所生，凭什么维克多在文学上总要一步步压着他？凭什么阿黛尔偏偏要爱上弟弟而不是爱上他欧仁？

新人婚宴上耀眼的烛光使他再也控制不住自己了。当大伙举杯向新人表示祝贺时，他狠狠地摔碎了酒杯。机敏的老师皮斯卡拉已经发现了他情绪异常，不由分说就拥着他离开婚宴大厅走回他自己的卧室。

欧仁彻底丧失了理智。他暴跳如雷，狂叫怒吼，指天画地，好像面对一个不共戴天的仇人。他点亮了房间中所有的蜡烛，仿佛就要进行一场盛大的婚礼。他挥刀把屋内的几件家具劈斩成一堆堆的碎片，宛若正与强敌进行殊死的搏杀。

等雨果和阿黛尔赶来，痛苦疲惫的欧仁正抱着枕头失声痛哭。

整整一个月，欧仁都由阿黛尔和维克多、保尔·傅仙和维克多的表弟特列宾莎轮番着侍候。但他恢复得很慢，维克多只好求助于父亲了。

必须把这事通知莱奥波德将军。将军立即从布卢瓦赶到巴黎。

对于父亲来说，他看到漂亮的欧仁，自己在科西嘉和意大利时所熟悉的那个满头金发，快快活活的胖孩子，以后在马德里那个前程远大的中学生处在狂妄之中，心如刀割。他决定把他带到布卢瓦住一段时间。

在布卢瓦，欧仁慢慢恢复了理智，甚至能写信给维克多，向他的新家祝好。他描绘他们的父亲和他们的后母待他如何好。

但是不幸，他的病又复发了，如此严重，以致不得不把他送回巴黎，到艾斯基罗尔大夫的诊所治疗。住院费每月400法郎，家庭无力支付。雨果出面活动，获准让哥哥去圣—莫里斯镇，在罗阿耶·高拉尔大夫的诊所治疗，由政府负担医疗费用。

医生们诊断为不治之症。这样，可怜的欧仁变成了一个活着的死人，连兄弟也很少来探望。1823年12月12日他写信给雨果，说道："我到这里有7个月了，仅见过你一次，阿贝尔两次，想必你想看到我，要实现这计划大概不难。"字里行间蕴含着悲伤的责怪之意。

对于雨果来说，欧仁这可怕的命运是经常使他忧郁和感到隐隐的内疚的一种原因。难道不正是他，在诗歌和恋爱方面都胜过哥哥，才使哥哥陷入绝望的境地吗？

虽然，他并无过错，更谈不上有罪，但事实上兄弟的影响是经常出现在他脑际的题材。剧本、诗歌、小说，不管什么形式，他都要接触这个题材。

有时雨果更名为撒旦，或《巴黎圣母院》中的克洛德·弗洛罗或《城堡里的伯爵》中的约伯，有时他以自己的真名出现，例如在《觉悟》和《撒旦的末日》中。

或许他的另一个哥哥的名字阿贝尔更增强了他脑中永恒不退的观念。然而雨果并未做伤天害理的事情，但雨果总是在噩梦中看见诸如活埋"铁面人"坐的牢房、多尔克玛达的坟墓等情景。

他总是想象着在一个低矮的拱顶下，有某种不幸在黑暗中潜伏。

在雨果身上，沉思者总是强过沉思。他获救了，因为他把幻觉的不安升华为诗歌，他牢固地植根于现实。但从欧仁身上，他看到了自己也许会变成的样子。

所有在新婚之后几个月里认识他的人，都注意到他那种征服者的神态和"骑兵军官拿下一个哨所后"的那种举止。这种神气来自屡获成功之后他对自己力量的感觉，来自占有了这位女人的喜出望外，还来自在重与父亲亲近时意识到的那种军人的崇高。

阿黛尔很快就怀孕了。1823 年 7 月 16 日，也就是在他们结婚后的第九个月，他们爱情的结晶小列奥波特·雨果就降临到了人间。

年轻夫妇欢欣至极，充分地享受着初为人父人母的自豪。可是好景不长，就在 10 月 9 日，小生命呱呱坠地还不到 3 个月就夭折了。

雨果坠入了黑暗中。他真怀疑这是不是上帝在惩罚他的不恭。好在阿黛尔很快又有了孩子。1824 年 8 月 28 日，他们的长女列奥波蒂娜·雨果的哭叫声终于响了起来。

雨果兴奋至极，拼命地写作。这当然出自对于荣誉的向往，但也不可回避地包含着许多实际的因素。4000 法郎不是金山银山，他得挣钱养活这个 3 口之家。

当时法国惊险小说很流行，特别是在年轻人中，喜欢读惊险小说的读者很多，年轻的雨果也很喜欢读惊险小说。在读了不少惊险小说之后，雨果产生了写一部惊险小说的想法。由于是初次尝试写作惊险小说，他吸取、借鉴了一些已发表的惊险小说的创作技巧。

在写这部惊险小说时，雨果经常同新婚的妻子商量，阿黛尔也喜欢读惊险类的小说。

　　雨果创作时很投入，一写起来就忘记了吃饭、睡觉。阿黛尔精心地照顾雨果的生活，不时地给他送上一杯茶，或是一杯咖啡，又想办法把饭菜做得可口，让雨果吃得舒服，获取足够的营养。

　　在写作过程中，雨果写出一段以后，就拿给阿黛尔看，请她谈感受，提意见。阿黛尔总是认真地倾听丈夫的叙述，并仔细思索，提出自己的看法。

　　1823 年，雨果写完了中篇惊险小说《冰岛魔王》。由于是刚刚迈进小说创作的领域，他对自己的作品会获得什么样的反应，心里不太有底。尽管妻子说很吸引人，但毕竟是自己妻子的评价。

　　雨果怀着忐忑不安的心情把《冰岛魔王》送给了一家出版社，又怀着同样的心情等待出版商的回音。那些日子真有些寝食不安。

　　过了没多久，出版商把雨果叫了去。当他返回家里时，阿黛尔立刻迎了上来，焦急而又不安地问："怎么样？"她似乎比雨果还要着急。

　　"你猜猜看。"雨果卖着关子。

　　"我猜不出来。"阿黛尔观察着雨果的脸色。

　　"你觉得结果会怎样？"雨果又问妻子。

　　阿黛尔从丈夫的脸上看出了一丝不易觉察的笑容，于是说："我觉得结果会不错，怎么样？出版商同意出版了吧？"

　　雨果笑着说道："出版商看了很感兴趣，说马上就出版发行，还说了不少称赞的话。"

　　阿黛尔笑着问："是称赞小说呀还是称赞你？"

　　雨果说："都称赞了，他说小说写得不错，也说我很有创作潜力。"

　　阿黛尔高兴地说道："今晚我们去饭店吃饭，庆贺一下。"

　　雨果酝酿已久的小说《冰岛魔王》终于正式出版了。如果说，雨果在诗歌创作中奉行的还是传统的、陈旧的古典主义创作方法的话，那么在小说创作中他已经在开始悄悄地离开这个旧的创作模式。

《冰岛魔王》写的是一个爱情故事。雨果这时看过不少英国的浪漫主义小说，因此在自己的这部爱情小说中加入了不少奇特的情节。主人公冰岛汉是个吓人的怪物，他吃人肉，拿仇人的脑壳做成饮水的杯子，书中还穿插了熊、魔鬼、谋杀、绞架、刽子手、刑罚等奇特的人物和古怪的工具，富有很强的刺激性，使这部小说带上了一种新颖的浪漫主义色彩。

然而，小说发表后引来了评论界的一片反对声。因为当时小说界的主流是注重规则的、理性的、高雅的古典主义文学。它有宫廷做它的靠山，因此在19世纪20年代，古典主义文学虽然已是强弩之末，行将就木，可是在文坛上，仍然拥有很大的势力。对于这样一部不合章法，极不规则又极不理性的充满奇思异想的小说自然是不会得到大家的好评。

于是，年轻的雨果成了法兰西文坛上关于古典主义与浪漫主义争论中的一个备受关注的人物。

中篇小说《冰岛魔王》的出版，不容置疑地使雨果被古典主义小说代表们列入了"居心险恶的浑蛋"的黑名单。古典主义与浪漫主义两大阵营的对决将从《冰岛魔王》开始。

而且，由于他在自己的创作中，着意摆脱旧的文体的种种束缚，抛开那种程式化的充满了华丽辞藻的修饰语的枷锁，使雨果逐步地成了浪漫主义阵地中的主要人物之一。

雨果的好朋友、诗人维尼读了这部小说专门给雨果写来一封信，信中说：

你创造了一部美妙、不朽的作品。你已经成了法国的司格特式惊险小说的奠基人。还有，我在报纸上看到关于你和你的小说的评论。你的观点是对的，只要作品好，就会引起报界的注意。

雨果觉得朋友来信对他小说的夸奖有些说过头了，但对朋友给他的鼓励还是很高兴。

一天早晨，雨果打开《日报》见到了一篇评论《冰岛魔王》的大文章。作者是著名的作家夏尔·诺迪埃。文章批评了这部小说的不足之处，同时又赞扬了作者那光辉灿烂的才华、丰富形象的语言和广博的知识。指出了它与英国浪漫小说的联系，作者预言，这部小说将使人们争欲一读。

雨果阅后，心悦诚服，急忙去找诺迪埃，向他表示感谢，但他不在。第二天诺迪埃携全家回拜了雨果，就这样雨果认识了诺迪埃。诺迪埃待人谦逊，性情温和而且文思敏捷，他最擅长讲故事。一番谈论过后，他一下子迷住了雨果，他把雨果彻底征服了。并且他还把雨果引进了他的生活圈子。

既是批评家又是小说家的诺迪埃比雨果大 22 岁，他和雨果之间的交往可以算得上是"忘年交"了。他本人的生活经历很奇特，颇具故事性，这也是他成为一代优秀的小说家不可缺少的资源。

这是个优雅而又喜欢冒险的人。他既有霍夫曼的气质，又兼有植物学家、昆虫学家、画家、旅行家和对哥特艺术爱得发狂的考古学家的秉性。他无所不知。他加入《辩论报》，后又参与《日报》的工作。

先是以同志，继而又以兄长的态度支持年轻作者，并且逐渐坚定。

在 1824 年，每逢星期天总有一些作家文人聚集在诺迪埃宽敞的客厅里。年轻的雨果也是这里的常客。大家在一起随意聊天，诺迪埃是这个团体的核心人物，他总是靠壁炉站着，讲个故事，或是青年时代的回忆，或是神怪故事。

随后，便开始文学争论。雨果那时还没有完全离开古典主义的旧营垒，从对文学发生兴趣到开始进入这个领域的整个童少年时代，雨果主要是生活在这种文学传统中，其影响自然是根深蒂固的，争论有时便是由雨果挑起的。

文社的成员们对生活和文学的看法各不相同。唯一的共同点是大家都感到有必要向古典主义文学的堡垒法兰西学院的陈规陋习作斗争，探索新的手法和形式。雨果的新的文学观念正是在数不清的聚会和争论中形成的。

在雨果那套坐落在沃吉拉尔街的小住宅里，也常有热闹的聚会，最常来的是一些年轻的画家，那是雨果最近刚认识的。

当时，法国画界除旧布新的革命比文学界开始得早，年轻的画家们讲话不留情面，不压低嗓门，不屈从权威。这种画家和文学家的会合加速了雨果走向浪漫派的行程。

思想观念的转变

在文坛地位迅速提升的同时，年轻作家的思想、生活也发生了明显的变化。

雨果和父亲的关系越来越亲密。在父母长期的不和中，3个孩子，尤其是欧仁和雨果始终在母亲身边，即使在母亲去世后，他们与父亲的关系也是若即若离。欧仁的病使父子间紧张的关系产生了松动。

在关键时刻，还是父亲和还算通情达理的后母给了欧仁温暖。在父母的精心照料下，欧仁的病情有所好转。可是过不多久就又重新复发，医生甚至警告，说欧仁的病情之严重已经是不可逆转的了。

鉴于小城的医疗条件有限，莱奥波德将军不得不带着欧仁返回巴黎并已在巴黎滞留了很长一段时间。这次相聚使雨果有了一次充分享受天伦之乐和与父亲从精神层面上相互沟通的机会。

过去，威风凛凛、总是摆着一副严肃脸孔的父亲使孩子们产生一种天然的敌意。现在，当逐渐步入老迈的父亲宽容、随和地出现在眼前，巧妙地暗示孩子们应该对他宽容怜悯、应该为他昔日的军功自豪时，雨果埋藏在内心深处的亲情被唤醒了。他强烈地感觉到，父亲远比印象中的形象可爱。

在父亲与儿子的通信中先是谈到欧仁，继而又谈到父亲想恢复职务、晋升军阶的愿望。雨果承担了这个任务，并打算从夏多勃里昂那儿为父亲谋个大使职位。他也支持父亲写回忆录，并让拉德沃卡书店出版。

利益有效地增强了感情。莱奥波德将军有两个目的：依靠这个受宠于宫廷的儿子，让儿子们承认新的雨果夫人。照他的说法，她是"你们的继母"。

事实上，雨果的头一个儿子难产出世以后，显得十分衰弱，将军和夫人便把孩子的母亲接到布卢瓦，住在他们新近买下的宽敞的白色住宅里。阿黛尔还为婆婆绣了一顶便帽。

随着对父亲了解的增多，雨果的政治立场产生了质的变化。与父亲关系的改善使雨果对于1793年的革命，对于拿破仑的认识有了重大的改变。不管怎么说，拿破仑是以法国的名义去与同盟国打仗。他感觉到，作为一个法国作家，歌颂那些在弗里特里茨，在莫斯科甚至在滑铁卢倒下的战士，肯定要比歌颂那些皇家来来去去的过客要有意思得多。

1825年，在雨果度过自己23岁生日的时候，他已经完成了由极端的君主主义向自由主义的根本转变。

同时，雨果的经济状况有了明显的改善。这种改善得益于三个方面。一是书商为《新颂歌集》支付的2000法郎版费；二是雨果父亲每月寄来的一笔款项；三是虽然年迈的路易十八已经过世，雨果仍然受着宫廷的宠幸，能够得到一笔特别补贴。

正是基于这种改善，1824年，年轻夫妇在沃吉拉尔街租了一处住所，每年租费650法郎。虽然新的寓所并不宽敞，但这回他们总算有了属于他们自己的安乐窝，而这个安乐窝很快就成了当时法国最活跃最具实力的一批青年作家的圣土，连当时已被提名为法兰西学院院士候选人的拉马丁，也对雨果的安乐窝表示了衷心的推崇。从此，日子过得充实而快乐。

1825年4月，宽厚的莱奥波德将军再次邀请年轻夫妇到布卢瓦做客，年轻夫妇欣然从命。由于正受着宫廷的宠幸，雨果从邮政局长那里弄到了一辆轿式马车。莱奥波德将军红光满面，喜气洋洋，特意赶到驿站迎接可爱的下一代。看着父亲慈祥的笑容，雨果的心里感觉妙极了。

尤其令人兴奋的是，国王决定赏赐雨果先生和拉马丁先生各一枚荣誉团勋章，并且盛情邀请作家参加他的加冕典礼。雨果真有点受宠若惊了。当然，更加激动的还是莱奥波德将军。他看到自己的儿子在23岁时就挂起了让自己终生企盼的勋章，即便他是久经沙场的将军也不能不热泪盈眶。

加冕典礼庄重、热烈、珠光宝气。雨果在大典上即兴创作了《查理十世加冕歌》。查理十世接见了面呈颂诗的雨果，命令皇家印刷厂以最精美的装帧出版颂诗，并且立即册封他的父亲——那个已经退休了10年的帝国将军为陆军中将。

雨果大喜过望。在此之前，为了父亲的退休金和册封他不知费了多少脑筋，也没有达到预期的效果。想不到一个如此棘手的问题，竟然就这样轻而易举地解决了。

在雨果的生命历程上，如果说有某一个阶段是他最幸福的时光，那肯定应该归之为1826年至1828年这几年。

1826年，年轻夫妇的儿子查理·雨果出生，婴儿的降生使得原来的房屋显得更加狭小了，于是他们在圣母德桑街租了一所独处的院落。

在那里，雨果的家仍然是高朋满座，仍然是意气风发。虽然这时候的雨果还算不上是一个真正意义上的小说家，但他在诗歌创作及其技巧上的见解，已经开始变得越来越成熟，并且越来越为文坛上的文学家们所认可。

在1827年，奥地利使馆举行舞会，前帝国时期的几位元帅都接到了邀请。到了门前，元帅们向守门人通报了自己的名字和拿破仑封赏给他们的爵号：塔朗托公爵、达尔马提亚公爵、特雷维茨公爵、列佐公爵。

可是，看门人却有意把他们分别报成了麦克唐纳元帅、苏尔特元帅、莫蒂埃元帅、乌迫诺元帅。作为看门人，他的职责只不过也就是重复一下宾客自己提供的名片而已，他是没有权力自由发挥的。随意删掉那些元帅的爵位，显然，这是他的主人在向法国人表示，他们根本不屑提及拿破仑封赏的爵位。这是对于法国领袖的一种蔑视。

元帅们于是被彻底激怒了，连门也没有进就叫来马车扬长而去。得罪了这些"公爵"可不是闹着玩的。所谓"好事不出门，坏事传千里"。这个坏消息迅速传到了巴黎。看门人的行为激怒了巴黎，也自然而然地激怒了在父亲影响下正在向拿破仑靠拢的雨果。于是，雨果写了一首《旺多姆广场铜柱颂》大加讽刺的诗歌。

他在这首诗中写道：

> 不，法兰西还活着！听到这种耻辱，
> 青年一代一定要勇敢地投入战斗，
> 各党派赶紧停止一切内部纷争吧！
> 愤怒的烈火中烧，大家要振臂而呼，
> 拿起武器，法兰西！
> 旺岱人正在滑铁卢的石头上磨刀霍霍……
> 奥地利枉然地编制着骗人的套索，
> 想让两个法兰西巨人低下高傲的头颅。
> 历史用几个世纪建立了万神之殿，
> 日耳曼双头秃鹰耸立的地方伤痕累累，
> 查理大帝只留下一只酒杯，
> 另一只就在拿破仑的手里……
> 我怎能沉默，我！因为战斗伟业，
> 而使自己的名字万古流芳者的后裔，
> 我听见易战中飘扬的战旗"哗哗"响，
> 摇篮上的喇叭曾给我把英雄业绩歌唱，

父老的剑柄是我儿时的玩具，
那时我虽是孩子，就已经是战士！
不，弟兄们，法兰西前程辉煌！
我们从高峰被推下可悲的泥塘，
在远征中我们的意志得到培养。
让我们把祖国的荣辱记在心上，
战士的后代，祖国的赤子，
要善于珍惜父辈的荣光！

　　《旺多姆广场铜柱颂》使雨果最终完成了从君主主义者向自由主义者的转变。他成了波拿巴主义者和自由主义者的代言人，也成了法国文坛自由主义集团拉马丁、维尼、雨果三巨头中最具冲击力的一个。

职业作家

什么是诗歌呢？我的定义只有两句话：诗是美德的一面镜子，美的心灵和美的才华几乎是永远不可分割的。

—— 雨果

开始向剧院挺进

雨果对戏剧始终怀有兴趣，少年时代就写了一些剧本。1826 年 8 月，他开始动笔写一部剧本《克伦威尔》。

剧本的主角是英国资产阶级革命的领袖克伦威尔。能找到的所有有关奥列维·克伦威尔生平的资料，几乎达百卷之多，雨果都一一浏览了。维尼的朋友泰罗被查理十世册封为贵族，并被任命为法兰西喜剧院的王室监督。他问雨果为什么不为剧院写点东西，雨果便谈到了他的《克伦威尔》。

在法国，古典主义的清规戒律对戏剧束缚得最厉害。古典主义法规规定一部剧的地点不能转换，剧情只能延续 24 小时，而且除主要情节之外不能有另外的情节分支，古典主义的立法者布瓦洛在《诗的艺术》中指出，要在一天、一地完成一个事件。这就是有名的古典主义"三一律"。

古典主义理论还强调悲喜剧的差别，并把这些规则说成是自古已有之，后人不应越雷池一步。雨果对于这种走极端的理论非常反感，他之所以要写《克伦威尔》，正是为了要拿出一部截然不同的戏剧来与古典主义剧打擂台。

法兰西剧院的王室督察泰罗知道雨果在写这部剧本，便把当时一位有名的演员泰尔马请来与雨果面谈，以便剧本完成后，请他出演主角。

泰尔马已经 65 岁了，谈到自己的事业，非常感慨，他最大的遗憾便是演了一辈子戏，却从来没有遇到过他所需要的剧本。他认为一部悲剧当然应该像传统的古典主义认为的那样，应该是美的、崇高的、伟大的，但在伟大之外，还需含有更多真实。

戏剧里的人应该是丰富的，而不应该像古典主义戏剧中那样把人变成一种纯乎一色的东西。主角是国王，同时也应当是人。

雨果听了泰尔马的话，兴奋地说："你想扮演的角色，正是我所梦想写作的。"

随后他向泰尔马道出了他的打算，他要用正剧取代古典主义的悲剧，用丰富多彩的莎士比亚式的创作取代风格单一的拉辛式的创作，剧本的风格是多样化的，既有英雄气概的，也有滑稽可笑的，删除大段台词和一味追求效果的诗句。

老泰尔马听后高兴极了，他伸出手，恳求雨果说："赶快写完这个剧本吧，我急于想演它呢！"

可惜的是老泰尔马当年就病逝了，而雨果最后完成的这个剧本有6500 句诗，登场人物多达 600 个，根本无法搬上舞台。

当时朗读作品很盛行，雨果邀了一些朋友到自己家听他朗读了全剧。这部独创的作品显然使大家很激动，于是雨果决定发表全剧。

为了阐明当初自己写作这部剧本的美学思想，雨果为这部剧本写了一篇序，这篇序写得大气磅礴，完全配得上那部雄浑的剧本。

这篇序言写于剧本之后，受到了空前的热烈欢迎，尤以青年人为甚。对于雨果，这篇序言阐明了他最终的选择和态度。雨果由于被那些冥顽愚蠢、气势汹汹的古典主义者纠缠不休，便站到叛逆者一边，而且成了他们的领袖。

古典主义作家认为人的审美观念是一成不变的，因此古代的杰作一定能适应现代的口味。雨果的序言一开始便提出了一种完全不同的见解，他认为诗是随人类社会的发展而发展的。

在原始时代，人生充满了对神的崇拜，面对使人类陶醉的大自然的奇迹，"诗人"最先的话语只是一种赞美歌。《圣经》中的古老神话《创世记》便是这种原始的抒情歌谣的代表。

随后人类开始活动、发展，他们的人数在增加，群体在扩大，这一群体与那一群体有了冲突，由此产生了迁徙、流浪。诗反映这些事件，它由抒情转变为描写事物，《荷马史诗》便是这类史诗的代表。基督教的产生把有关人生、生命和人类自身的复杂性指示给人类，它使人认识到人身上有兽性，也有灵性，有灵魂，也有肉体。这时的诗便演变成了戏剧，它要表现人生的真谛。

雨果认为，戏剧应该是两种对立原则之间的一种斗争，因为戏剧的对比乃是任何现实的实质。美与丑，喜剧与悲剧，滑稽与崇高，黑暗与光明，地狱与天堂应该既对立又统一，以产生强烈的感觉。

在长序言中，雨果还抨击了古典派的"三一律"，他说没有什么时间的统一和空间的统一，只有剧情的统一。这篇长序涉及了戏剧创作的许多重要问题，用一种新的观念向古典主义发出了挑战。

《〈克伦威尔〉序》的发表轰动了法国文坛。后来一个青年诗人在他的专著《浪漫主义史》中这样追述他当年的感受："《〈克伦威尔〉序》在我们眼光里放着万丈光芒，和《圣经》里的天条戒律一样，我们觉得每一个理由都是无可辩驳的。"这个序言后来被视为浪漫主义的宣言书。

人们偶尔也能听到来自保守派阵营的一些声音，《法兰西日报》的一篇文章中说："一个青年作家，声誉还没有超出自己的小集团呢，就这样目空一切地骄傲了！"对雨果撇下保守文学的小圈子，和那些"文学叛徒"混在一起，作者显然是极不满意的。

然而，《〈克伦威尔〉序》只是下了一封战书，要击败古典主义者，还要靠剧本。

1829 年，雨果用 4 个月的时间，一口气写成了一部悲剧《玛丽容》。玛丽容是一个名妓，与一朴实的青年相爱而弃娼从良。后来，她的恋人因爱她而与人决斗，触犯了国法，首相依法判处他死刑。玛丽容恳求国王予以特赦，国王的特赦令下了，而首相却仍然执行了对他的判决。

全剧是用诗写的，但是字法、句法、章法都与古典诗剧不同。

泰罗男爵要求朗诵一次。1829 年 7 月 10 日，在饰有"金百合花"的房间，雨果当着维尼、大仲马、缪塞、巴尔扎克、梅里美、圣佩韦、台尚兄弟、维尔曼等朋友以及常来的画家们的面进行了朗诵。

弗雷德里克·索尼埃后来写道：

维克多·雨果亲自朗诵，朗诵得很好……必须注意到他那张苍白的、令人敬佩的脸，尤其是那双专注的、略有点分散的眼睛，在激动的时刻，像放电一样闪亮。

剧本颇有意思，有一些令人赞赏之处，但光是夸赞，在当时不足以表达感情。必须兴奋得发狂，跳跃，颤抖；必须和费拉明特一起叫喊："我受不了啦，我要昏倒了！我乐死了！"这还只是一些表达无力的惊叹语，一些或强或弱的欢闹场面。

总的来说，细节也同样使人欢乐。瘦小的圣佩韦围着高大的维克多转圈……声名卓著的大仲马此时尚未与雨果闹僵，以漫无节制的疯狂，挥动着两条巨臂。

我还记得，朗诵完毕，他抓着诗人，以海格力斯一般的力气把他举起来叫道："我们把您带上荣誉的宝座！"至于埃米尔·台尚，他还未听完朗诵就鼓掌。他总是打扮得精精致致，偷偷地瞅着集会中的女人。

有人送上清凉饮料。我还看到身材魁梧的大仲马一边往装得满满的嘴里塞糕点，一边不停地嘟哝："妙极了！妙极了！"一直到凌晨 2 时，如此欢乐地接在那出悲惨的正剧之后的滑稽场面才告结束。

全巴黎都知道雨果写了一部杰作，好几个剧院经理都到雨果家里来抢剧本，大家都在等待着。

然而，这个戏剧彻底打破了古典主义的戏剧规定，因而引起守旧派的不满和抵制，戏剧还未公演，人们就已经预感到了暴风雨将要来临。首先，女主角马尔斯夫人就挑起了事端，她对戏剧革新运动一直很敌视，想阻止新戏剧的成功。

马尔斯夫人去找雨果的麻烦，她在排练的时候故意停止，直至雨果忍无可忍想要卸掉她的角色，她才认了错，并且承诺以后决不再干扰排戏。

然而，她却一直用冷淡消极来抵制演出，她的态度也影响了其他的演员，排练时大小的麻烦一直不断。

一些旧派作家也不能容忍这些新兴的东西，他们联合起来排挤它。排练的时候，有的躲在门口偷听，有的故意过来惹是生非，有的东摘一句，西摘一句，拿去改头换面，并且加以曲解，甚至是凭空臆想捏造，以供取笑。

同时，许多巴黎报纸也对《玛丽容》展开了攻击、讥刺。抨击的文章也是一篇接着一篇。

然而，更严重的是王家戏剧审查委员会通知雨果，禁止《玛丽容》演出，理由是这个剧本把国王写成了一个多余的角色，把首相写成了刽子手，歪曲了王室的历史，有损王室的尊严。

雨果亲自跑到国王那儿去解释了一番，国王没有取消禁令，只是送了 2000 法郎给雨果，以弥补他的损失，雨果自然是拒绝了。

很快，雨果即动手创作另一部剧本《欧那尼》。因为怕再遭到《玛丽容》那样的粗暴干涉，雨果把剧本的背景放到了西班牙。

剧本主人公欧那尼是一青年贵族，与西班牙国王有杀父之仇，并且被国王放逐了。他不得已当了绿林好汉。欧那尼与贵族小姐莎尔曾经相爱，现在莎尔却被许配给了老侯爵唐高迈斯，同时国王也在觊觎着莎尔。

那天欧那尼得知莎尔即将与唐高迈斯结婚，跑到侯爵府去责备莎尔，却被国王得到消息，派人团团将侯爵府包围了起来。侯爵出于骑士荣誉，不忘欧那尼是自己家的客人，所以不愿交出欧那尼，国王便将莎尔作为人质带走了。

欧那尼感谢侯爵的救命之恩，将号角送给侯爵，并表示，要把自己的生命交给侯爵处理，今后只要侯爵吹起号角，他就会闻声自尽。

不久，欧那尼被国王抓住了，国王要处决他时，莎尔为欧那尼求情，并拔出短刀以死相胁，国王为莎尔的真情所动，终于放了欧那尼，并同意两人结婚，新婚之夜，侯爵吹起了号角，欧那尼履行诺言，饮毒酒身亡，莎尔也殉情而死。

剧本以难以置信的速度写成。8月27日动笔，9月25日完成，30日朗诵给朋友们听，10月5日交在法兰西剧院朗诵，并被一致通过。审查机关同意上演，但并非一帆风顺。

这次演出可不寻常，《欧那尼》是一部用浪漫主义的新手法创作出来的剧本。它不但使用了英国情节剧的一些传统情节，如密谋、暗杀、决斗、乔装打扮等，而且让作为正面人物的强盗与国王对垒，让婚礼喜庆的场面与墓地悲凉的背景在舞台上交相出现，古典主义清规戒律中有一条，悲剧的主人公应是帝王将相等大人物，它还规定悲喜剧场面不可混杂，雨果显然故意要和古典主义对着干。

因此，这场演出实际上是即将退出历史舞台的古典主义文学流派与刚刚登上文坛的浪漫主义文学流派的一场短兵相接的战斗。

演出前双方摩拳擦掌，都做了充分的准备。雨果和他的战友们发动了包括美术学校的学生在内的400多人先在街上进行游行，因为欧那尼是个土匪，因此这些热情的青年人也自称土匪，他们在大街上歌唱，叫嚷："我们是思想的强盗！""我们是艺术界的野人"。

为了表示他们的叛逆精神，他们身穿奇装异服，其中有西班牙外套，罗伯斯庇尔式背心，亨利三世式帽子。人群中著名作家戈蒂耶的大红缎背心最引人注目，还有他那一头浓发一直垂到腰际。剧作家布河地穿着五彩斑斓的衣服，扮成印度废王的模样。建筑家瓦白尔，拿着一个生病死去的少女的骷髅盛水喝，学冰岛魔王的样子。

雨果手下的一些得力干将把土匪编成 14 队，雨果买了两沓红纸，亲手裁成小方块，每块上写了一个西班牙的"铁"字，分给每队的首领。

阿黛尔亲手给他们发戏票，就像革命女战士给弟兄们发弹药一样。

8 时整，大幕缓缓地上升了。雨果心里觉得一阵紧张。第一幕顺利地演过了，演到第二幕时，当剧中的国王问："什么时候？"

侍者答"是半夜"时，古典主义派们闹起来了，"这也算是台词吗？""这能称得上诗吗？""这是糟蹋戏剧。"按古典主义的要求，这句台词应该这样曲折地表达才算高雅："在住宅的高处，陛下，时钟正打着第十二个时辰。"这时"土匪"队出来维护他们的领袖了，"肃静！肃静！"

此后，每一句诗，每一个字，都要经过一番斗争和较量。但是戏越演到后来，叫嚣声越少，国王查理五世的独白是全剧的高潮，一字一句都被喝彩声截断，最后，全场响起了一片轰雷般的欢呼声。

在剧中的骑士每一个动作、一个姿势、一句话都令观众们赞赏和狂喜。

在法兰西喜剧院的广场上，出版商玛默把

雨果叫到了剧场外，表示要买《欧那尼》的版权，开价6000法郎。

雨果回答说："戏演完了再谈吧！"

可是玛默一定要立刻成交。雨果很奇怪地对他说："为什么要现在成交？现在你还不知道买进的究竟是什么东西，剧本成功与否还不知道呢！"

玛默却说，"我看到第二幕，只想给你2000法郎，第三幕，4000法郎，现在第四幕，我给你6000法郎，到第五幕后，恐怕非1万不可了。"雨果一听，大笑，于是便当场与他签了字。

《欧那尼》的演出获得了极大的成功。专门从事文艺批评的《环球》杂志，在以后成为财政部长的总编辑杜沙迪尔的倡议下，一改过去不偏不倚的公允态度，对剧本大喊"好极了"。

《环球》杂志在当时的欧洲文坛有着举足轻重的地位。它的"一边倒"，对于雨果和他的支持者，自然是极大的鼓舞。

当然，不同的声音也不时传出。梯也尔的《国民报》就指责红票拉拉队"不知天高地厚""不懂礼貌"，奉劝他们今后"不要再凑在邻座的面颊上鼓掌"。

雨果所居房屋的房东太太的表情就更加生动。由于她看不惯常来雨果家那些披头散发、不修边幅的艺术家，她干脆向雨果下达了逐客令。

雨果对这些一笑了之。口袋里的法郎已经允许他在巴黎的心脏爱丽舍区租赁一套更大的寓所。

无论是反对者的嘲笑，还是短视者的轻慢，雨果都承受住了。他马上就要做第五个孩子的父亲，他应该可以承受生活的重负和来自反对派的攻击。

散场后，《环球报》的编辑们聚集在报馆印刷所。圣佩韦和夏尔·玛宁也在场。他们在文章中写道：

人们议论不停，人们赞叹不绝，人们有些保留意见；甚至在胜利的欢乐中，也杂有别的感情和某种惊异。《环球》杂志要介入到何种程度？它要为这部作品的成功辩护吗？可是不管怎样，它仅承认它的一半理论。

人们迟疑不决；一个聪明的编辑从大厅那头向这边叫喊："行了，玛宁！把《叹为观止》发了吧！"于是，《环球》杂志发了胜利的捷报。

相反，《国民报》持敌视态度。抱怨作者的支持者"既不注意分寸，也不保持体面"。必须叮嘱助威的拥护者，不要在邻座的耳边鼓掌。但在以后的演出中雨果依然进行了周密的组织。反对声总是在念此诗句时响起来。

《欧那尼》接连演了45场，场场都有震耳欲聋的喧哗，场场都有尖锐的斗争。那些年轻人护卫剧本的热情始终如一。

但是，雨果也收到过恐吓信，有一封信中写道："你24小时内不取回此下流剧本，你将不复识得面包滋味。"

8年以后《欧那尼》重上舞台，全场就只听到喝彩声而听不到嘘声了。有两个观众，散场后一路走一路说："现在没有人打嘘，这有什么奇怪，剧作家把全剧的句子都改过了。"

另一个回答："你弄错了，被他改的，不是剧本，是观众。"

在这场短兵相接的斗争中，最后是以浪漫主义的胜利告终的，至此之后，在法国，古典主义文学派便销声匿迹了。

完成了长篇巨著

年少的雨果攀登上了艺术的高峰。从 1829 年起，他在青年作家中已经占据了不容置疑的巨匠的地位。经济状况也得到了巨大的改善。很多出版商争抢着出版他的诗集，当时他要写作长篇小说《巴黎圣母院》还只是一个打算，就已经有出版商愿意付出 7200 法郎作为订金了。

《欧那尼》初演的成功把雨果的事业推向了巅峰。然后，出版商的行为却让他又跌到了低谷。

原来在雨果去剧院的时候，一位叫戈斯兰的书店老板来拜访过他。他想买雨果的剧本。因为那天客人很多，阿黛尔又不认识戈斯兰，因此没有跟他说话。后来有人问起剧本将由何人出版，雨果太太匆匆地把出卖经过说了一遍，戈斯兰一听便恼怒地走了。

事后，戈斯兰给雨果写信，说雨果太太怠慢了他。为了报复，他便要求雨果如期履行合同书。原来雨果曾和他签过合同，把两部小说的版权卖给他。《巴黎圣母院》便是其中的一部。合同规定的交稿日期是 1829 年 4 月。

但是，当时雨果因为忙于剧本的创作没有动笔写这部书，而戈斯兰也从未催促过他，现在却要逼他马上交稿了。雨果没法，只得托人与他商量，最后达成协议，多给雨果 5 个半月的时间，到 1831 年 2 月 1 日一定要交书，否则迟一星期罚款 1000 法郎。

已经没有任何退路。雨果买了一瓶墨水，用灰色粗毛线织了一件毛衣把自己从头到脚裹了起来，将礼服锁进了衣柜，决心不受晚会的诱惑。他完全沉浸在那部像地狱一般阴森的长篇小说中去了。

　　到 1 月 14 日，他用最后一滴墨水写了最后一行文字，终于完成了这部著名的浪漫主义小说。因为这个缘故，他曾想把小说改名为《一瓶墨水的内涵》，后来这个名字被另外一个作家要了去，他用这个名字发表了一些小说。

　　其实，为了这部小说，雨果已经整整构思了 3 年，读了大量的历史资料，考察了路易十一时代巴黎古老建筑残留的遗迹。小说应该表现的意旨和小说中的各种各样的人物已经活在他心中。因此，当他拿起笔时，只是把他们从肺腑中喷发出来罢了。

　　《巴黎圣母院》是浪漫主义文学中最优秀的作品之一，也是雨果第一部具有重大思想意义和艺术价值的长篇小说。

　　小说的背景是 15 世纪的巴黎。当时正逢 1 月 6 日的宗教主显节和愚人节。人们聚集在巴黎圣母院前的广场上观看宗教剧，竞选愚人之王。美丽的吉卜赛女郎爱斯美拉达则牵着一头洁白的小羊在广场上做马戏表演。

　　谁也不知道在这喧嚣热闹、情调奇特的中世纪生活场景中正在酝酿着一个悲惨可怕、震撼人心的悲剧。这一年的愚人之王是一个又聋又哑、长相丑陋的畸形人卡西莫多。他是一个弃儿，是巴黎圣母院的副主教克洛德收养了他。

　　狂欢游行之后，人群渐渐散去。当爱斯美拉达牵着羊准备回家时，从小巷里突然蹿出一个人，背起她就跑。爱斯美拉达高声呼救，国王的弓箭队队长弗比斯正好带着一队人马巡逻到这里，成了她的意外救星。抢劫少女的强盗被抓住了，他不是别人，正是丑人卡西莫多。

　　唆使卡西莫多抢劫爱斯美拉达的是他的养父克洛德。克洛德曾是一个善良、渴求知识的年轻人，然而他所信奉的宗教教条却把他变成了一个阴险、狠毒、人格分裂的人。

　　他为爱斯美拉达的美丽所吸引，但是他的身份决定了他不可能通过正常的方式去追求她，更可悲的是宗教禁欲主义使他在内心深处往往把这种正常的对异性的爱视为恶，谴责自己因此而荒弃了多少德行。由于长期实行自我压抑，因此当这种爱一旦到来时便显得分外强烈。于是他最终采取了最卑鄙的手段来达到目的。

爱斯美拉达曾是一个被人置换的女婴，很小就离开了母亲，生活在吉卜赛人中间。15世纪的巴黎，乞丐成群，雨果以他丰富的想象力虚构了一个神奇的乞丐王国。爱斯美拉达便是这个王国的一员。

当爱斯美拉达回到家时，发现许多妇女正围着一个青年男子。原来他就是那个编演宗教剧的青年甘果瓦，狂欢活动结束后他在街道纵横的巴黎街头迷了路，误入了乞丐王国。

根据乞丐王国的奇特的法律，他必须被处死，除非有一个女公民愿意要他做丈夫。围着他的妇女谁也看不中他，爱斯美拉达却把甘果瓦从死亡的边缘救了出来。

乞丐王拿一个瓦罐摔在地上，瓦罐碎成4片。这就是说爱斯美拉达可以与甘果瓦一起做4年的夫妻。其实爱斯美拉达一点也不想与甘果瓦生活在一起，她只是不愿眼看着他白白地死掉罢了。在她心中已经有了她爱慕的白马王子，那就是英俊高大的弗比斯。

第二天，爱斯美拉达又牵着小羊去圣母院前的广场了。她看到烈日当空，被鞭打得遍体鳞伤的卡西莫多被绑在高台上示众。他不断地叫着："水，水。"

可是围观的人谁也没有理睬他。善良的爱斯美拉达大步走上高台，用水壶喂卡西莫多喝水，这水似甘露滋润了卡西莫多那干涸的心田。使这颗因长期受歧视而变得僵硬的心软化了、复苏了。他抬头望着爱斯美拉达那秀美的脸，情不自禁地发出了"美……美……"的赞叹。

轻浮的弗比斯在街头遇见爱斯美拉达，便邀她去小饭店幽会。克洛德跟踪而至，他很妒忌弗比斯，于是便拔出短刀向弗比斯刺去。克洛德逃走了，而爱斯美拉达却被当作嫌疑犯抓了起来。

法庭不问青红皂白，对爱斯美拉达严刑拷打，迫使她承认了强加于她的罪名，随后她便被处以绞刑。行刑的那天卡西莫多单枪匹马，冲进行刑队，抢了爱斯美拉达就跑。因为巴黎圣母院是圣地，军队不能入内，因此卡西莫多便把爱斯美拉达安置在巴黎圣母院中。

乞丐王不知内情，以为爱斯美拉达被幽禁起来了，于是就带领着浩浩荡荡的乞丐军队，前来攻打巴黎圣母院。卡西莫多也不知内情，独自一人坚守城门，迎战千军万马。

克洛德让甘果瓦出面，把爱斯美拉达骗出了巴黎圣母院。他指着耸立在不远处的绞架，要爱斯美拉达在绞架和他之间选择一个，爱斯美拉达宁死不从。于是克洛德便去叫军队了，他不愿意让爱斯美拉达活着与别人结合。

克洛德把爱斯美拉达交给一个苦修的老妇人。这个人的女儿被吉卜赛人偷走了，所以她最憎恨吉卜赛人。在拉扯中，她发现了爱斯美拉达挂在脖子上的绣花童鞋，这是她亲手绣的。这时她才知道往日她这么憎恨的吉卜赛姑娘，竟是她的亲生女儿。她想把女儿藏起来，可是已经来不及了，军队已经冲了进来，把高声叫着"妈妈救我"的爱斯美拉达抓走了。

爱斯美拉达终于被处死了，克洛德在高高的圣母院的钟楼上望着绞架上的爱斯美拉达，发出了阵阵狞笑。卡西莫多见了，这才明白是克洛德一手造成了爱斯美拉达的死，于是力大无穷的卡西莫多举起克洛德，把他从高高的钟楼上扔了下去。

卡西莫多后来找到了爱斯美拉达的尸体，他紧紧地抱着爱斯美拉达，绝食而死。不知过了多少年，人们在一座公墓里发现了这两具紧抱着的尸体，当人们把尸体分开时，这两具尸体立刻化为灰烬。

在雨果创作《巴黎圣母院》期间，法国爆发了一场革命，那就是发生于1830年的七月革命。

1830 年 7 月，法国历史经历了"光荣的三天"，也就是史书上所称的"七月革命"。

　　这 3 天对雨果来说十分重要。1830 年 7 月 28 日，他与阿黛尔的第五个孩子，也是他们最后的一个孩子小阿黛尔降生了。同时，雨果的自由主义立场受到了血与火的严峻考验。

　　查理十世自己是七月革命的催生者。

　　波旁王朝 1815 年的第二次复辟，是建立在俄、普联军占领巴黎的基础上的。尽管穷兵黩武的拿破仑在国内也是一个专制的角色，但在生性傲慢的法国人心目中，仰赖外力的波旁王朝与拿破仑却不是一码事。

　　正因为如此，复辟后的波旁王朝国王，老迈的路易十八在位时，对国内采取了相对宽松的柔和政策。继路易十八登位的查理十世就不一样了，这个年轻气盛的国王总在思量着如何扩展自己的权力。

　　1830 年 7 月，忠于波旁王朝的内阁首相波林雅克向查理十世打了一个报告，认为报刊是对政府的一种威胁，是所有弊端的渊源，是败坏民风、诋毁民族精神的力量。因此，为了稳固政权，必须取缔新闻自由。

　　这个报告当然符合查理十世的心意。他很快就以这个报告为由头，签署了 4 项敕令，把资产阶级经过大革命取得的一点儿权力和自由，剥夺得一干二净。

　　愤怒的巴黎人走上了街头。查理十世命令军队总司令马尔蒙元帅严厉镇压。

　　1830 年 7 月 27 日，随着马尔蒙元帅开枪命令的下达，巷战开始了。革命如火如荼地席卷了巴黎的每一条街巷。到 29 日，起义者已经占领了巴黎的大部分城区。

　　直至这个时候，傲慢的国王才发现情况不妙。他宣布解散内阁，收回敕令，但是已经晚了。当国王的 3 个代表宣布国王的决定时，巴黎民众的回答是：革命已经开始，必须让它完成，必须以一个更为自由的王朝取代一个过时的不可救药的王朝！

查理十世不得不宣布退位，逃往英国。历时 15 年的复辟王朝又一次寿终正寝了。

巷战爆发的 3 天，恰恰是小阿黛尔出生的前后。雨果守护着妻子，虽然没有投入巷战，但呼啸的炮火仍然使他激动不已。他在心里念叨着：看来新的共和国就要诞生了！

可以说，雨果对共和国期待已久。虽然他写过颂歌，歌颂过那个被民众反对的皇帝，还受到了路易十八和查理十世的隆重礼遇，但剧本《玛丽容》被禁演的经历却使他对波旁王朝不能不心冷。

因此，他对革命一点也不害怕。他没有投入街垒的巷战，但那些在街垒与王朝拼杀的战士，正是高喊着"向夏多勃里昂致敬"，他一块儿完成法兰西文学革命的青年朋友。

共和国的三色旗刚在巴黎重新升起，年轻的诗人就以极大的热情与真诚，写出了他的新的颂歌《致年轻的法兰西》：

> 弟兄们啊，你们变革的时代已经到来！
> 用月季和桂冠把胜利装饰起来，
> 同时对死去的人们要深深一拜。
> 英勇无畏的青春是美好的，
> 人们将羡慕战旗已经织就，
> 奥斯特里茨！
> 骄傲吧！你们有如父兄一样豪迈！
> 他们在战争中争取到了胜利，
> 在生活的阳光下你们从坟墓中夺了回来。
> 为了下一代的幸福，七月革命赠送给你们的，
> 是烧毁巴士底狱的三天，那样的日子，

父老们才有过一天。

雨果的诚挚与热情感动了年轻的法兰西。他申请参加国民自卫军的要求被批准了，被编入一军团四营，职务是纪律委员会文书。这个职务使他不必去值班、站岗，也使他终于可以拿起笔，书写他那部名垂千古的长篇小说《巴黎圣母院》。

在这场革命中，革命人民经过3昼夜的巷战，推翻了拿破仑失败以后卷土重来的封建王朝——波旁王朝的统治。这场革命对雨果影响很大，使他充分认识到人民的伟大。在这之前，通过自己的切身遭遇，雨果已经对波旁王朝非常不满了。

1829年，在《玛丽容》被禁止演出时，雨果就曾愤慨地写信给朋友说："这班审查委员们大部分都是剧作家，都是怀有私心的旧派保护者，同时也是旧制体的保护者，他们是我的对头，必要时也就是我的自然敌人。"

在七月革命的前一个月，雨果曾写过一首题为《一个行路人对一个国王的想法》。在这首诗里雨果写道：

人民走到的地方，人民到来很迟；
但是他终于到了，他已经在憎恶！
国王们，赶快！——回到当前的世纪。
离开腐朽的作风！——在这漫漫的人海里，
对潮流让步吧，否则，潮流必然淹没既往，
我们看吧，你们留恋过去必然要随过去死亡。

显然，雨果这时候已经开始离开保王党的立场。雨果的父亲曾经预言："小孩子相信母亲，成人就相信父亲了。"意思是雨果小时候接受的是母亲的保王党观点。长大后，当他能独立思考时，一定会转而接受父亲的共和主义的。现在，他的预言果然实现了。

《巴黎圣母院》便是雨果清算自己早年的保王主义思想，由保守派转向民主派的标志。

在《巴黎圣母院》里，雨果通过爱斯美拉达的冤案，把封建统治的黑暗与残暴非常突出地表现出来。

作者在小说中称法官为"黑猫"，法庭记录为"野猪"，皇家律师为"鳄鱼"，显示了整个封建司法机构的野蛮、残忍和愚昧。他们依据封建迷信把爱斯美拉达诬为女巫、杀人犯，她要抗辩，说出真情，招来的却是酷刑。

因此，小说中一个人物称法院开庭就是"法官们吃人肉"，爱斯美拉达自己的感觉是"这里真是地狱"。特别具有讽刺意味的是爱斯美拉达被屈打成招后，还要付给官府 3 个金里尔作为招认费。

类似这种辛辣的讽刺在法庭对卡西莫多的审判中也表现得很明显。负责审问的检察官是个聋子，被审问的卡西莫多也是个聋子，结果审问便成了一场滑稽剧。

雨果在写作《巴黎圣母院》前后，对英国浪漫主义作家司各特的小说很感兴趣。司各特喜欢在一种真实的历史背景中来展现他那些虚构的故事，因此他的小说中有虚构的人物，也有历史人物。

司各特的这种写法后来为许多作家所采用，因此他获得了"欧洲历史小说的创始人"的称号。

《巴黎圣母院》也有一个真实的历史背景，这种背景主要是通过小说中的国王路易十一表现出来的。在雨果的笔下这个瘦小病弱的国王身穿普通市民的服装，头上戴着用最坏的黑布缝成的旧而脏的帽子。

他紧紧控制着他的国家和宫廷。王朝的每一笔开支、每一分钱的支出，他都要亲自过目，每一个案件他都要过问。

他很少来巴黎，来时也只作短暂的停留，因为他觉得他周围的暗门、绞架和卫队都还不够多。

到了巴黎他也只是到巴士底监狱的祈祷室去安息，因为它比卢浮宫坚固。在这个人物身上作家写出了法王路易·菲利普吝啬、胆小的特点。

中世纪封建政权对人民进行精神统治的工具是教会，在《巴黎圣母院》中，雨果对教会的揭露也是极为深刻的。副主教克洛德便是教会恶势力的代表。他犹如黑夜里的一个魔鬼，严密监视着人们的精神生活，不断地散布迷信，掀起宗教狂热，伙同皇家检察官制造所谓的巫术案，残害良民百姓。同时他本人又是宗教教条的受害者。

宗教禁欲主义不但没有抑制住他的欲望，反而使他的欲望极大地膨胀了。他不但要占有美丽的女人，还要占有金子。他躲在阴暗的房间里，苦心研究着炼金术，他幻想着，有一天他炼出了金子，那么法兰西的国王就将是克洛德而不是路易了。正是在这种毫无价值的活动中他白白地耗费了自己的聪明才智，虚掷了自己的青春年华。

在艺术上，《巴黎圣母院》犹如一幅色彩斑斓的油画，这幅画的各个局部是用反差非常大的色彩描绘出来的，从而形成了强烈的对比。

雨果对古典主义割裂美和丑、高雅和鄙俗的做法非常不满。古典主义认为悲剧所表现的一切应该是高雅的、美的，而喜剧则可以表现滑稽、丑怪的东西。雨果认为，这种做法，不仅背离了生活真实，而且影响了审美效果。

在《〈克伦威尔〉序言》中雨果写道：

> 古代庄严地散布在一切文学上的普遍的美，不无单调之感；同样的印象老是重复，时间一久，也会使人厌倦。崇高与艰难产生对照，于是人们就需要对一切都休息一下，甚至对美也是如此。

相反，滑稽丑怪却似乎是一段稍息的时间，一种比较的对象，一个出发点，从这里我们带着一种更新鲜更敏锐的感觉朝着美上升。鲤鱼衬托出水仙；地底的小神使天使显得更美。

在《巴黎圣母院》里雨果便尝试使用了这种美丑对照的表现手法。小说中的卡西莫多是一个极丑的人，看上去像一个被打碎了而没有拼装好的巨人："巨大的头颅上长满了红色的头发，两个肩膀之间隆起着一个驼背，两条腿像两把相连的镰刀，两脚肥大，两手粗壮。他的脸也是极丑的，鼻子呈四面体形，嘴像马蹄，猪鬃似的赤红色的眉毛下面只有一只小小的左眼，右眼完全被一个大瘤遮住了。他的牙齿如破旧的城墙一样参差不齐，一颗牙齿如象牙似的从嘴唇上伸出来。当他出现的时候，他是个驼背，当他走路的时候，他是个跛子；当他看着你的时候，他是个独眼；当你要跟他讲话的时候，他是个哑巴。"

这就是卡西莫多，一个全身没有一处正常的残疾人，一个丑得无法再丑的畸形者。

而小说中的女主人公爱斯美拉达，则是一个美得令人目眩的姑娘。她个儿不高，但她那优美的身材看起来是那样细长，她的皮肤略带棕色，在阳光下呈淡金色。她能歌善舞，当她伴着鼓声急速旋转时，那一次又一次从人们面前一晃而过的脸，那一闪一闪的黑眼睛，那随风飘逸的长发，那灵巧的舞步，常常使人不能一下子断定她究竟是人，是仙，还是天使。

当她被弗比斯叫到他的未婚妻家里时，在那个装饰华丽的房间里，置身在一群装扮入时、容貌秀丽的贵族姑娘中间，她仿佛是谁在大白天带进阴暗里的一个火把，一切美丽的东西都因她的到来而黯然失色了，以致每一个姑娘都觉得在这个吉卜赛女郎的美丽中受到一种伤害。

　　雨果这样安排小说的男女主角不是偶然的，他所追求的正是这种极美与极丑间的强烈对比，这种外貌上的明显对比赋予小说一种新奇的浪漫色彩，使这个单恋的故事显得非同寻常。

　　除了这种外貌的对比之下，在小说中还有一种内在心灵的对比。爱斯美拉达是善良的，她曾经两次救助别人，而与她的行为形成鲜明对比的是克洛德，他曾经两次置人于死地。

　　小说中3个男子都爱着爱斯美拉达，弗比斯的爱是肤浅的，克洛德的爱是自私的，而卡西莫多的爱则是既高尚又深沉的。以恶作善的陪衬，善显得分外光彩夺目；而善行与败德相间，则大大地增加了小说的丰富性，增强了小说的可读性。这便是雨果所追求的效果。

　　在《巴黎圣母院》中，雨果以极大的同情心描写了巴黎最下层的人民、流浪者和乞丐。他们衣衫褴褛、举止粗野，却互助友爱，正直勇敢和舍己为人，拥有远远胜过那个所谓有教养、文明的世界里的人的美德。小说中巴黎流浪人为救出爱斯美拉达攻打圣母院的场面，悲壮、激烈、慷慨、惊心动魄。

　　作为浪漫主义文学的里程碑，这部小说最明显的标志之一，是雨果把善恶美丑做了鲜明的对比。但这种对照却不是按传统的方式把美与善、丑与恶分别集中在两类不同的人物身上，或是根本回避丑怪的一面，而是让他们互相交错：外表美好的，其内心未必善良；外表丑陋的，其内心未必不美，未必不善。

　　《巴黎圣母院》这本书就是为了述说"命运"一语而写作的。

　　伟大的人道主义者雨果寻求的是命运的真实内涵。无论是克洛德，还是卡西莫多，他们归根结底是社会的人，他们内心的分裂、冲突，反映的是他们那个时代神权与人权、愚昧与求知之间、庞大沉重的黑暗制度与挣扎着的脆弱个人之间的分裂、冲突，终于导致悲剧中一切人物通通死光的惨烈结局。

在这部巨著中看见的命运，就是在特定环境即中世纪的法国首都，愚昧迷信、野蛮统治猖獗的那个社会之中，发挥其横扫一切的威力。

《巴黎圣母院》作为一部浪漫主义代表作，正是由于作者力求符合自然原貌，刻画中世纪的法国社会的真实生活，以卓越的手法和浪漫的形式，依据动人的情节发展，凝聚、精练在这部名著中而呈现出它们的生动面貌和丰富蕴涵，赢得了继《欧那尼》之后浪漫主义打破古典主义死板桎梏的又一胜利。

这部伟大的作品《巴黎圣母院》是雨果的第一部引起轰动效应的浪漫主义小说。它的文学价值和对社会深刻的意义，使它在经历了将近两个世纪的时间之后，还是在今天被一遍遍地翻印、重版，从而来到我们的手中。

在阅读这本书的过程中，我们可以感受到强烈的"美丑对比"。书中的人物和事件，即使源于现实生活，也被大大夸张和强化了。在作家的浓墨重彩之下，构成了一幅幅绚丽而奇异的画面，形成尖锐的，甚至是难以置信的善与恶、美与丑的对比。

小说《巴黎圣母院》艺术地再现了400多年前法王路易十一统治时期的真实历史，宫廷与教会如何狼狈为奸压迫人民群众，人民群众怎样同两股势力英勇斗争。

小说中的反叛者吉卜赛女郎爱斯美拉达和面容丑陋的残疾人卡西莫多是作为真正的美的化身展现在读者面前的，而人们在副主教克洛德和贵族军人弗比斯身上看到的则是残酷、空虚的心灵和罪恶的情欲。

作者将可歌可泣的故事和生动丰富的戏剧性场面有机地连缀起来，使这部小说具有很强的可读性。小说浪漫主义色彩浓烈，并且运用了对比的写作手法，它是运用浪漫主义对照原则的艺术范本。

小说的发表，使雨果的名声更加远扬。

巴黎又一次轰动了，好评如潮。自由主义的首领人物拉马丁评论说道："这是一部宏伟的创作，史前大洪水时代的巨石。这是长篇小说中的莎士比亚，中世纪的史诗。"

　　著名评论家哥尔第埃则盛赞小说有"花岗岩般的风格"，"有如中世纪教堂一样不可摧毁"。

　　这种评价应该说是中肯的、实事求是的。更有意思的是，雨果对于巴黎圣母院这座中世纪教堂的生动描写，对法国的建筑学也产生了深远的影响，引发了法国艺术审美领域一场真正的革命。

　　《巴黎圣母院》使29岁的雨果当之无愧地进入了全世界一流作家的行列。

为文学顽强奋斗

1832 年时，雨果还只有 30 岁，但是斗争和忧愁就已经在他身上留下了深刻的痕迹。

雨果热爱战斗，可他需要支持。而他的忠实朋友越来越少，友人们疏远了，冤家对头却不断增多。圣佩韦不怀好意地旁观、窥视；拉马丁总是不冷不热，居斯塔夫·普朗什过去与雨果友善相处，如今则反戈一击。尼扎尔、雅兰疯狂地纠缠雨果。

人们可能对此大惑不解，因为他始终是个有良心的作家，是个正直的助人为乐的同人。但他近年来的成就超出了竞争自尊心所能容忍的限度。

拜伦已经谢世，歌德和瓦特尔·司各特也都相继作古，夏多勃里昂和拉马丁则开始默默无声。显然，雨果已经无可争议单独位居世界文坛第一。但这并不使别人高兴。

《巴黎圣母院》的成功使雨果获得了世界级的声誉。但是，"高处不胜寒"，《巴黎圣母院》的成功也使得许多原来与雨果处于同一水平线的朋友产生了不快。

《世界评论》杂志在谈到雨果时说了一句话："戏剧、长篇小说、诗歌，在今天，这一切都得仰仗这位作家。"这句话惹得雨果最亲密的朋友维尼十分恼火，公开要求杂志"修改这个结论"。

一个一个朋友甩手而去，一个一个敌人却凭空钻了出来。有什么办法呢？雨果只有叹息。嫉妒是人类的天性，即使是他自己，也经常有妒火中烧的时候。

1832 年 10 月，雨果又一次搬家。7 月，他们租了王宫广场 6 号盖梅内公寓三楼的一大套房间。这幢公寓建于 1604 年，具有贵族气派，面对巴黎最壮丽的广场。广场上一片翠绿，四周围着一圈红墙石板儿带阁楼的房子。

房租每月 1500 法郎，虽然昂贵，然而房间宽敞。

这个广场即使在灿烂的阳光下也显得异常阴森昏暗。广场中间矗立着一个漆着红漆的机器，那便是断头台。市政厅尖峭屋顶的上方，矗立着一座奇形怪状的钟楼，钟楼上挂着一只白色的大钟，就像一只凶恶的独眼直盯着刑场，行刑的时刻正是由这个大钟宣布的。

虽然广场和住所富有贵族气派，却坐落在平民区中心。所以雨果总喜欢说："我们这些圣安托万郊区的穷工人。"

领略了贫困的滋味后，对于遭遇贫困折磨的人，他理解他们的境况，对他们深表同情。

成功并未使他心安理得。1828 年，他出版了《死囚末日》。1832 年《克洛德·格》面世。这两部小说都是描写当时不公正的酷刑，都是对阔佬和权势者社会的法律的谴责。

孩提时代遇到的所有流放者的形象继续在他脑中闪现。他想写一部关于"穷苦人"，尤其是被法律追究的犯罪有因的犯人的长篇小说。

从 1820 年起，雨果曾多次见到死囚的头从断头台的刀下滚出，他心里充满了震惊、恐怖和怜悯。给他印象最深的是 1828 年秋天的一次死刑。那天密密层层的人群把广场挤得水泄不通，连广场周围的大街小巷也挤满了人。广场周围的楼房有着居高临下的好地势，因此每到行刑的日子，所有的窗口出租一空。

那些性急的观众一个个脖子伸得长长的，眼睛里闪着兴奋狂热的目光。刑车驶近了，那个不幸的人被拖上了断头台的阶梯，于是群众看到了一张由于对死亡的恐怖而变了形的年轻人的脸。

群众对死刑的无动于衷使雨果很吃惊，他不明白人们怎么能够眼看着这一幕幕惨剧而不提抗议。雨果的头在发热，心在燃烧，他决定写一篇表现死囚临刑前心理特点的小说，用来反对死刑。

为了做到这一点，首先得到监狱里去，到死囚牢房里去，亲眼看看一切，亲身体验一下死囚的全部感想和思想。

于是，雨果多次参观了巴黎的彼赛特监狱，不仅见到了破旧的建筑，还见到了囚犯们冒雨试戴枷锁的情景。为了尽快激起上层人士和普通百姓对死刑的恐惧和厌恶，雨果决定用最快的速度把小说写出来。

3个星期后，雨果完成了这部小说，名为《死囚末日》。书中描写了一个死囚在即将行刑前的所思所感。他留恋生活，渴望自由，回忆幸福的童年时代，慈祥的母亲，他的初恋。借助于他的内心独白，雨果还表达了他对资产阶级法律的不满。

1832年，雨果从报上看到了工人克洛德·格被判死刑的消息，重又唤起了他对犯罪和法律问题的兴趣。他觉得克洛德·格不应该受到如此严厉的惩罚，为了帮助他，保护他，雨果上书国王，请求赦免犯人。可是国王依然维持原判。于是雨果便在详细调查案情，收集了大量资料的情况下写成了一部短短的小说，小说的名字正是《克洛德·格》。

克洛德·格是巴黎一个穷苦的工人。他没有读过书，但因为天赋好，因此既能干又善于思索。有一年冬天他失业了。为了填饱妻儿和自己的肚子，他偷了一些东西，结果被判5年徒刑。由于克洛德善于思考，许多犯人都来向他求教，他在犯人中因此享有很高的威信，可是狱中一个看守长却因此十分憎恨他，时时在伺机捉弄他。

克洛德胃口很大，监狱给他的口粮并不够他吃，他长期处在半饥半饱的状态之中。一次一个叫阿尔班的青年犯人将自己的口粮分了一半给克洛德，从此他们俩每天都这样分享口粮，克洛德因此非常感激阿尔班，与他情同父子。

可是有一天，那个对克洛德十分嫉恨的看守长却故意把阿尔班换到了另外一个房间。克洛德心里十分难过。克洛德·格从此便只能总是饿着肚子，而且显得非常忧郁。每天他都向看守长要求将阿尔班调回自己的房间。

1831年10月25日，克洛德·格向看守长发出了最后通牒，他要看守长在11月4日必须将阿尔班调回到原来的房子里。

11月4日那天，克洛德在他的一个木箱里，找出了一把裁缝剪刀，随后又向别的犯人借了一把小而锋利的斧头。

19时，当看守不在的时候，克洛德向大家宣布了他的决定，他说，看守长很恶毒，故意把他和阿尔班拆开，他这是拿折磨人取乐。现在，他已在心里审判了看守长，决定把他杀掉。他认为自己的决定并非出于一时气愤，他已经深思熟虑了两个月。他老老实实地向大家说了他的想法并征求大家的意见。

有一个人提出，在杀死看守长之前，应当设法跟他最后谈一次，迫使他让步。克洛德同意了。

21时，看守长进来了，脸上露出幸灾乐祸、得意和冷酷的神情。克洛德请求他说："把我的伙伴还给我吧！"

但是，看守长拒绝了。

克洛德继续向他恳求。但是看守长还是拒绝了他。克洛德从口袋里抽出斧子，向看守长连砍了3斧头，看守长仰面倒下了。随后克洛德扔下斧子，叫道："现在轮到另一个人了！"他从上衣里掏出剪刀，对着自己的胸膛连扎了20多下，一面扎一面叫："罪人的心啊，我怎么就找不到你呢！"最后他浑身是血，晕倒在看守长的尸体上面。

克洛德没有死，他在自己身上扎了那么多下，没有一下危及生命。在审讯时，他对自己的行为供认不讳，可是同狱的犯人没有一个愿意提供不利于他的证词。

庭长威胁他们也没有用，最后克洛德要求他们提供证词，他们才开始说出他们所看到的情况。

阿尔班也出庭作证，他抽泣着，扑到克洛德的怀中。克洛德扶住他，微笑着对王室检察官说："这就是把自己的面包分给挨饿的人吃的一个'恶棍'。"

目睹此情此景，旁听的妇女们哭了起来。克洛德在法庭上表现得很从容，对法官的态度很客气。只有一次当检察官说看守长没有什么不好的举动和暴力行为，克洛德忍不住发怒了。他告诉法官，正是这个人从心理上折磨了他长达4年，他大声控诉法律的不公。

克洛德还请陪审员考虑一下，他为什么会偷窃，为什么会杀人。陪审员们讨论了一下，仍判他为死刑，至于克洛德提出的两个问题，他们却没有回答。最后，克洛德从容不迫地走上断头台。

在叙述了克洛德从容不迫地走上断头台之后，雨果写道："看看克洛德吧，毫无疑问，他头脑聪明，心地纯正。但是命运把他置于如此糟糕的一个社会里，他终于走上了偷窃的道路。社会又把他抛入如此糟糕的一个监狱里，他最后走上了杀人的道路。"

雨果尖锐地提出："谁是真正的罪犯？是克洛德？还是我们？""议会在做些什么？为什么总是讨论一些无关紧要的事，而这样重要的事却没有人关心？"他把批判的矛头直接指向了统治机构。

在小说的最后雨果慷慨激昂地说："人民在挨饿，人民在受冻。苦难迫使他们走向邪路，男人们犯罪，女人们堕落。监狱夺走了他们的儿子，妓院又夺去了他们的女儿。你们的苦役犯太多了，妓女太多了。这两大溃疡说明什么呢？说明社会这个机体血液里已患了病。"

雨果认为靠目前国家制定的刑法只能起到缓解"病情"的作用，他主张要重新制定刑法和法典，改造监狱，撤换法官，为孩子们办学校，为男人们开设工厂，给人民以良好的教育，特别要用基督教的美德指引他们，这样就不必诉诸死刑了。

《克洛德·格》最初发表在《巴黎杂志》上。现在在克洛德·格的卷宗里还保存着当年雨果为克洛德请求特赦的文件，以及克洛德·

格的妹妹给雨果的信，信中对雨果寄给克洛德的钱表示感激。

自 1820 年遇见了一个叫鲁费尔的死刑犯人之后，雨果开始思考死刑问题。他一直是死刑的反对者，而且多次上书国王为被判死刑的人请求特赦。最有戏剧色彩的一次是为工人起义领袖巴贝斯求情。

那一天他正在歌剧院看歌剧，一位法兰西参议员进来坐在雨果旁边。从他的口中，雨果了解到巴贝斯被判处死刑，而且次日一早就要执行。雨果一听，扔下了这位参议员，跑到后台，从吸墨纸里取下一张纸，飞快地写上了 4 句诗：

> 看像鸽子一样飞去的你那天使的分上！
> 看像芦苇一样幼弱的皇家赤子的分上！
> 再一次请开天恩；为坟墓增光，开恩吧！
> 为摇篮增光，开恩吧！

雨果把诗放在一个装戏票的信封里，亲自跑到国王住的杜伊勒利宫，请求门房立刻把信呈给国王。门房说，时间太晚了，国王当天不会看信了。雨果便告诉他，信上讲的是有关人命的事，这人明天一早要上断头台。门房一听，马上把信封送了进去。20 分钟后他出来告诉雨果说，传达官从玻璃门望进去，看见国王正在看你的信。第二天雨果听说死刑没有执行，才松了一口气。

雨果的思想影响了他的儿子。1851 年他的儿子夏尔在《时事报》上发表了一篇反对死刑的文章，受到指控，说他蔑视法国的法律，因此被判 6 个月的徒刑。雨果亲自出庭为儿子辩护。

雨果甚至把他的这种人道的思想输送到了国外，1854 年，雨果在英国避难。邻近的格恩济岛在处死一个犯人时发生了骇人听闻的残忍事件。犯人两次从绞架上脱落，最后刽子手不得不费很大的劲把这个拼命挣扎的半死不活的人套上统索。雨果闻讯，立刻给英国国务活动家帕麦斯顿勋爵写了一封公开信，对这种残忍的行为提出抗议。

雨果反对死刑的活动在国际上影响极大，在欧美各国凡是有关废除死刑的案件，不管涉及个人或制度，当事人总是首先要恳请雨果的援助。

1863年，哥伦比亚遵照雨果的意见废除了死刑，哥伦比亚部长亲自写信给雨果，向他报告了这个喜讯。

在瑞士，1862年通过的宪法还保留死刑。反对死刑的人请雨果支援他们，雨果写了一封长信，印成小册子，散发给日内瓦人民，结果国民总投票，修改了宪法，废除了死刑。

雨果无论住在哪里，都力争为个别的死囚请求赦免。1862年他向比利时政府请求赦免9个死囚，其中7个免死了。

1867年他致函"全英吉利人"要求赦免为爱尔兰独立运动而谋杀英国官吏的罪犯，结果这些民族英雄得救了。同年他要求墨西哥人民免除废帝马克西米良的死刑，很可惜他的信到得迟了一点。

雨果奉行的是人道主义的原则，他强调人的生命的不可侵犯性，主张取消任何形式的杀人行为，对恶人、罪犯他不主张用这种方式来处罚他们，他主张要靠教育来改造他们。对大规模地使人类丧失生命的侵略战争雨果更是坚决反对。

1854年法英两国联合土耳其和沙皇俄国在克里米亚作战。雨果在一次纪念会上谴责他们说："帝王的欧洲在做什么？在为进步，为文明，为人道做点伟大神圣的工作吗？不，他们在打仗，为谁打仗？为人民吗？不，为他们帝王自己！打什么仗呢？起源是无聊的，一把钥匙。"因为克里米亚战争的借口，是回教徒和基督教徒争耶稣墓的钥匙。

1860年，英法联军抢劫并烧毁北京圆明园后，雨果也为此而慷慨陈词。他写道：

有一天，两个匪徒闯进了圆明园。

一个抢劫，另一个纵火……

从前人们在巴特农神庙里干的好勾当现在又在圆明园里重演了，并且演得更彻底，更好：寸草不留！

我们的全部古教堂合起来所有的宝藏都抵不上这座灿烂惊人的东方博物院啊！

真是伟大的战功啊！好财气呀！

一个胜利者装满了腰包，另一个看着眼红了，也塞满箱囊。

然后两人挽着手，回到欧洲，哈哈大笑。

这就是两个匪徒的故事。

我们，欧洲，自称为文明者，我们视中国人为野蛮！

这就是"文明"所加于"野蛮"的事实！

在历史面前，匪徒之一名为法兰西，另一个名为英吉利。

我希望有一天法兰西解放了，肃清了，把这批赃物还给受害的中国。

　　雨果经常在家里举办招待会，虽然这增加了许多开销，但雨果很乐意。他需要有人分享他成功的快乐，需要有人排解他的孤独和寂寞。因此，他每次举办和朋友的招待会时，这座古老的建筑总是高朋满座。大家聚在一起谈论着文学艺术和社会问题。大家总是能很愉快地度过这一美好的时光。

　　但是，再美好的上层建筑也是要有经济基础来支持的。这样的招待会经常举办确实是一笔不小的开销，尽管可以排解雨果的孤独和寂寞，但是日子久了，雨果的钱包还是有些入不敷出。为了维持这些聚会的开支，雨果不得不想其他的办法来解决这个问题。

最终雨果再一次把目光投向戏剧。

要想在文学上发财致富，最快捷的路似乎还是戏剧。一部受到观众欢迎的戏剧能演出 50 场。这样的剧本，每场现金收入 2000 法郎，50 场演下来就 10 万法郎，剧本作者可以从中分到近 12000 法郎，而且另外还有 5000 法郎的稿费。

但是一部长篇小说，即使是《巴黎圣母院》这样伟大的鸿篇巨著，所得的稿费也就是 4000 法郎，还不到一个剧本收入的 1/4。收入上如此巨大的差距使得许多作家不得不把目光投向戏剧舞台。雨果也是其中的一位。

雨果最受欢迎的戏剧的主题始终是护卫被社会排斥、被放逐的人，反对压迫者。这是刻记着一些悲惨事件的童年时代的模糊回忆。这样的模糊记忆可以呼唤出雨果内心曾经的伤痛，他会把这些充满了泪水的伤痛经过整理和加工，神奇地变化出非常有意思的戏剧。

这样的戏剧有很多的内容是在描写贫苦大众在所有的人群中，最不公平的待遇是由出生引致的流放，或者残疾引致的流放。大家更多的是同情弱者。因为观众能在这里看到自己或者自己身边人的影子，这样的戏剧是贴近生活、贴近贫苦百姓的，能唤起人们的内心深处最柔弱的部分的东西。

雨果这回写作的剧本叫《国王取乐》，故事取材于其父亲书屋中残留的一本老书。但是在写剧本时，雨果把那些离奇的冒险故事通通删去了，他虚构成了一部情节曲折的传奇剧。它通过一个弄臣为国王拉皮条的荒唐故事，无情地嘲讽那些阿谀奉承的阴谋家。

《国王取乐》的首场演出在 11 月 22 日晚举行。尽管那些鼓吹民主的青年和"青年法兰西"派，即泰奥菲尔和德维里亚派的所有人马都坐在他们的位置上，但是，剧场还是显得冷冷清清。然而圣·瓦利耶的独白终于保证了第一幕的成功。

但第二幕结尾，当弄臣协助贵族们架走自己半裸的女儿布朗歇时，在包厢里的蒙莫郎西和其他名门望族，对攻击科塞一家感到愤愤不平，找到机会，大骂此剧伤风败俗。

他们不喜欢这样露骨的讽刺与挖苦，他们的思想枷锁让他们无法接受这样荒唐的结局。最后当整部剧的幕布落下时，剧场里非常的混乱，演员厉齐耶费了九牛二虎之力，才报出了剧作者的姓名。这部剧一下子引起了政府部门的强烈关注。

第二天一早，文化部长决定禁止这部剧本继续上演和剧本出版的命令就送到了剧院。禁演的理由表面上是"考虑到该剧许多段落有伤风化"，但深层的原因却一目了然，那就是宫廷不允许舞台上出现批评君主制的声音。哪怕是几百年前的君主制也是完全不可以的，在作为君主的统治者看来，这部《国王取乐》是在借古讽今。

雨果提到了法国历史上荒淫的国王弗朗索瓦一世。而且剧中涉及无道昏君的暴政、穷奢极欲和最后遭到暗杀等，这个命题实在太刺激、也太实际。

所以，巴黎当局宣布《国王取乐》"不道德"而被禁演时，威尔第和皮亚维都知道这是一部讽刺剧，如果要上演必须将所有能够引起检察官们联想的痕迹都抹掉。

雨果最终决定向法院申诉，而且他得到了一个已经与他签订了剧本出版合同的出版商的坚定的支持。

开庭审理过程中，雨果的辩论内容直接把矛头指向刚刚取得政权的路易·菲利普政府，他指责菲利普政府采取欺诈手段，把七月革命之后许诺给公民的自由与权利剥夺殆尽。这样的行为是非常无耻的。

雨果的演说非常精彩，他以拿破仑取得胜利的 3 个地名表明了对菲利普政府的蔑视。他又一次成了维护人民大众自由民主权利的代言人。他情绪激动极了，他论词精准，语言生动，论点明确，态度坚决。得到了在场的人们的一致掌声。雨果和其他在场的人都以为这是一场必胜的官司，他们的准备那么充分，法官是没有理由判决他们败诉的。

然而，他们却不知道，在那样的腐朽的政府统治下，再漂亮雄辩的演说也不会发生任何作用，因为商务法庭不是为贫苦百姓服务的。所以他们作出的裁决让人大跌眼镜：他们无权受理此案！这几乎等于宣布雨果说了也白说！

为了能让该剧继续上演，于是，他们将《国王取乐》的名字改成比较中性的《诅咒》。然而，还是无法通过检查，最后他们干脆以剧中主人公驼背的小丑蒂博莱来命名。这个瞒天过海的标题才顺利通过了政治审查。它就是《弄臣》。

参与政治

　　艺术不愿意让人塞住嘴巴，钉上镣铐，牵着鼻子走；它高喊道：前进！它要放你们到诗歌的大花园里，那里没有禁果！

—— 雨果

进入法兰西学院

1830 年以后，雨果除了写小说、诗歌之外，他还相继创作并上演了《国王取乐》《吕克莱斯·波尔吉亚》《玛丽·杜道尔》等 7 个剧本。

雨果之所以如此钟情于戏剧，一是因为雨果的经济负担很重。他们全家每月要 500 法郎的支出，雨果的哥哥欧仁因精神失常长期住院治疗，其住院费及治疗费也是由雨果负担的。

另一个使雨果钟情于戏剧的原因，是他认识到戏剧对群众的影响最直接。七月革命以后雨果对社会、对政治越来越关注，一个很大的原因就是他总是希望牢牢地占据着戏剧舞台。

雨果的创作已经日趋成熟。然而，正因为日趋成熟，他的心理定式产生了动摇。艺术上的成就已经不能满足他的欲望。

在雨果早期的作品中，人们最为关注的往往是那些辞藻优美的颂歌和抒情诗，仿佛他仅是一个唯美主义者。这当然是一种误解。实际上，雨果是一个非常入世的人。童年的不如意、少年的坎坷、青年的磨难，使他对政治有一种天生的敏感。他希望跻身上流社会的政治生活，应该说是题中应有之义。

雨果极想跻身那些治国安邦的伟人之列。他的榜样夏多勃里昂曾任法国贵族院议员、大使、外交部长。这正好是他今后希望走的光明大道。只是在路易·菲利普时代，一个作家想获得法国贵族院议员的尊贵头衔，必须首先是法兰西学院院士。

1836 年至 1840 年，是雨果在文坛继续大踏步前进的 5 年。这种大踏步前进的态势，即使是那些对浪漫主义切齿痛恨的老学究，也不能再视而不见。

颂唱绿叶、太阳和亲爱者，虽然是一件赏心悦目的事，但一种新的渴望却更使他心驰神往。

他渴望成为"精神领袖"！他渴望在那些影响人民思想意识的人物中占有一个席位！他渴望能成为像他的老师、法兰西贵族、大使、外交部长夏多勃里昂那样的人物！

早在《克伦威尔》和《欧那尼》上演时期，雨果和他的朋友们虽对法兰西学院进行过一些指责，但他对文学界非常了解，不认为法兰西学院会因他们对那些才干的攻击而耿耿于怀。

从1834年起，雨果雄心勃勃，为自己定下的第一个目标便是进入法兰西学院。

为此，他以顽强的意志发起了冲锋。圣佩韦曾经一针见血地指出："雨果想当院士。他关心此事；他郑重其事地与您谈论此事，一谈就是好几个钟头。当他和您谈学院时，会心不在焉地把您从圣·安托万林荫大道带到马德莱娜路。雨果一旦有了打算，便会全力以赴去为之奋斗；于是，人们就听到他思想上的重型装甲骑兵、大炮辎重以及他的暗喻从遥远的地方开到。"

圣佩韦专门写文章对雨果进行了冷嘲热讽式的"赞扬"。雨果不想理睬。雨果是一个意志坚定的人，他认准了的"制高点"，那是一定要登上去的！

法兰西学院共有40个院士，并且都是终身院士，因此替补的机会是相当少的。1835年，夏多勃里昂曾对雨果说："研究院本身无足轻重，尤其对你来说，但为你打开政治途径，还是有其重要性的。"雨果显然是听进了这个话。

但是，法兰西学院作为法国文学艺术界的最高圣坛，可不是谁想进就可以进的。除了造诣，更重要的是机会和人缘。学院只有固定的院士名额，只有当院士"缺额"的时候才进行补选。

而且文学不是自然科学，它不是一加一等于二，它可以"仁者见仁，智者见智"，同一个作品，喜欢的可以说它是"天才创造"，不喜欢的也可以指斥它是"胡编乱造"，而且都可以引经据典、头头是道。因此，院士的补选，人缘成了很重要的因素。

1836年2月，法兰西学院院士列昂子爵去世。根据"遗缺即补"的原则，学院决定组织选举。

梅尔西爱·赴巴迪，一个昙花一现的滑稽喜剧作家当选了。雨果不无伤感地说："当初，我以为必须经过艺术之桥才可以进入法兰西学院。我想错了，照这样看来只需迈过新桥便可入内。"

1836年11月，雨果又进行了一系列新的奔走。但这一次，泰奥多尔·帕维在给他兄弟维克多·帕维的信中又作了悲观的预测。

实际上，虽然法兰西学院的两位举足轻重的人物拉马丁和夏多勃里昂都投了赞成雨果的票，但获胜者还是米涅。

德尔非娜·盖说："事先若权衡一下雨果也许可以当选。遗憾的是，人们当初太乐观了。"

竞选受挫并没有使雨果灰心丧气。他又恢复了正常的生活，甚至比往常更加关心他的几个孩子。

1837年3月5日，备受精神折磨的欧仁去世，终于得到了最后的解脱。

按照西班牙贵族的封赐习惯，雨果自然地取得了子爵的爵位。这个西班牙爵位虽然已经名不副实，但阿黛尔却看得很重。自此之后，她的签名一律变成了"雨果子爵夫人"。

雨果打不起精神。他念念不忘的还是那个法兰西学院院士的宝座，因为他觉得，法兰西学院就像希腊神话中的奥林匹斯山，此生此世，他是无论如何也要登上这座高峰的。

1839年，一位院士去世，机会又来了。这回的主要竞争对手是王朝正统主义演说家贝里页。雨果有皇室做靠山，过去对他一直持反对态度的检察机构转而支持雨果，因此，他当选似乎没有太大困难。

经过 7 轮角逐，仍然没有一个人能得到法定多数。选举只好推迟到 3 个月之后。

1839 年 12 月 31 日，又一位院士突然去世，法兰西学院又空出了一个位子。于是，1840 年 2 月 20 日，学院又举行了补选两位院士的双重选举。

结果又令人失望。在参加选举的 31 人中，有 30 票选莫连伯爵，有 29 票选弗鲁兰，雨果又一次名落孙山。

1837 年，出现了一个转机，雨果认识了奥尔良公爵。

奥尔良公爵是所有期待自由政策的人的希望。雨果在替一个老教授求情帮助时，并非没有献媚之态。他说道："亲王殿下，您会接受一个陌生人为另一个陌生人做祈祷吗？"

雨果当即得到了应允。于是一次感恩访问导致了亲王和诗人后来的密切联系。

路易·菲利普为庆贺长子结婚，在凡尔赛宫的明镜长廊举行宴会之日，雨果也受到了邀请。起先，雨果表示不愿意去。出席一个有 1500 人的宴会，似乎并不显得十分荣耀，反倒有点叫人厌烦。

此外，由于国王长时期对待大仲马冷淡，拒绝邀请他。雨果说，不邀请大仲马，他也不会到。奥尔良公爵亲自出面，请求重新宠幸大仲马，由于公爵坚持，终于获胜。由于没有宫服，雨果和大仲马穿一身国民自卫军的制服，在凡尔赛宫遇见了装出贵族气派的巴尔扎克。

雨果并不为出席了宴会后悔。他被安排与奥尔良公爵同桌。国王在宴会上说了很多赞扬他的话。奥尔良公爵的妻子是一位学识渊博、心灵高尚、容貌美丽、胸襟坦豁的公主。

她对雨果说，见到他很高兴，并说她平日在和德·歌德先生交谈中常常提到他。她能背诵他的许多诗，她特别喜欢以"那是一座质朴的教堂，有着扁圆的拱顶……"开头的那首诗。

这位年轻美丽的德国公主，从 16 岁起就怀着酷爱的激情，开始攻读法国文学。她的愿望，是到巴黎，她崇拜的诗人，是维克多·雨果。

她还对雨果说："我参观了'您的'巴黎圣母院。"雨果当然很希望取悦这位显贵的主人，并且确实也如愿以偿。

婚宴 3 个星期后，雨果被委任为荣誉勋位团的军官。亲王的仆人给王宫广场的雨果送来了一幅带有浪漫色彩的画《依乃·德·卡斯特罗》。上面写着："赠给维克多·雨果先生——奥尔良公爵暨夫人1837 年 1 月 27 日。"

这样，雨果成了这位法国未来王后的客人。在马尔桑宫，不论是星期三的正式集会，还是被人们称之为"壁炉集会"的亲近人的小聚，每次都少不了他。在这个亲近圈子里的人常常互相打听："您明天去参加'壁炉集会'吗？"

在集会上，他们总能见到雨果。雨果向比他小 8 岁的公爵说，诗人是上帝派到亲王身边的代言人。

奥尔良公爵，把雨果当成了可以一吐肺腑之言的朋友。有一回交谈中，公爵同雨果说道："最近怎么没有看到你的剧本上演？"

雨果告诉公爵："我没有自己的剧院，因为法兰西喜剧院都被死人统治着，而圣马丁门剧院又被蠢人占领着！"

公爵生气了，一个最优秀的剧作家，竟然没有剧院可以上演自己的剧本，这太说不过去了。他立即给文化部长写了一封信，要求授予雨果"拥有自己剧院的权利"。

王位继承人的指示得到了很好的贯彻，雨果终于有了自己的阵地，它被叫作"文艺复兴剧院"。

大仲马和雨果又将此事托给了一个叫作安泰诺·若里的报社经纪人去经营。雨果为此还写了一个诗剧来庆祝剧院的开张。

1840 年 6 月 7 日，列迈斯埃先生撒手人寰，而就在 1841 年 1 月的选举中，雨果终于以 17 票对 15 票的微弱优势，取得了入驻法兰西学院的通行证。

这一回，投票支持雨果的有夏多勃里昂、拉马丁、维尔曼、诺迪埃、库佐、米涅。政治活动家梯也尔、莫连等也投了他的票。

接纳仪式盛况空前。知名人士中有吉拉尔丹夫人、路易丝·高兰夫人、梯也尔夫人，以及一大群女演员。

10 年来，亲王们第一次光临法兰西学院。法兰西学院也对亲王们的到来表示出了极大的热情。他们积极准备迎接这些人的到来。

这一天，法兰西学院的常务秘书维尔曼在马扎兰宫门口迎候奥尔良公爵暨夫人，这天奥尔良公爵暨夫人戴着一顶衬着粉红色里布的白帽子，显得格外漂亮。

雨果最初进入法兰西学院时也真有一种帝王气派。他的棕色的头发是经过精心梳理过的，光溜溜地贴在脑袋上，衬出金字塔形的前额，一绺发卷落在绣着绿花的衣领上，显得气度非凡。他那微凹的小黑眼睛，闪现出难以抑制的光芒。

当仪式开始时，雨果微笑着向观众挥手致意，在雨果看来，观众们就是他的朋友，他希望通过演讲好让这些朋友更加了解他。所以雨果开始发表了经过他精心准备的就职演说。

雨果满怀激情地演讲着，观众们也听得如醉如痴。虽然观众们早已从书本上领略了这位伟大的作家的才华，但这还是他们第一次那么近距离地倾听他的声音。

这让大家很兴奋，大家像一群热情的"粉丝"看到自己的偶像一般激动不已。大家观赏着他的手势，欣赏着他的演说，这件事让参与过的人们事后想起来都那么使他们感到欣喜与激动！

不幸痛失了爱女

入选法兰西学院院士后不久，雨果就成了学院的领导人。他在文学艺术领域所取得的成就，他充沛的体力和超人的工作能力，他与王室的亲密交往，都使他担任这个职务当之无愧。

雨果踌躇满志，他的目标就是要像夏多勃里昂那样，在精神上、政治上都占有自己的一席之地。

1842 年，雨果的朋友和保护人，未来的法兰西君主奥尔良公爵在一次车祸中身亡。公爵的马车行至当时叫起义路的大街时，突然发狂。亲王想从马车上跳下来，结果跌在地上，摔得脑浆迸裂。

朋友惜朋友。诗人热衷于对比，他想，年轻、幸福、无忧无虑的公爵以前每次到纳伊宫去时，都必须从这扇绿色的门前经过。即使他有时也瞟一眼这里，但他只不过把它看成一家生意萧条的食杂店，某个普通处所，一处破房子，万没想到这里正是他的坟墓。

奥尔良公爵是个高尚的人，而且，对追求自由的人来说，他是一个希望。未来的一切计划都必须重新制订。雨果是当时在法兰西学院的执行主席，负责将学院的吊唁信呈给国王，他赞扬如此年轻就辞别人世的亲王。

公爵遇难后一个月，雨果去拜访奥尔良公爵夫人。亲王的遗孀身披黑纱，一心想的是丧事与孩子。不过，她还是接待了诗人，并和他一同讨论了难以预料的未来。

自 1822 年与阿黛尔结婚后，阿黛尔一共为雨果生养了 5 个孩子，除了长子夭亡，其他 4 个都得以长大成人。

在雨果的履历表上有关子女的栏目上始终写着这么 4 个人：莱奥

波尔迪娜、查理、法兰苏亚和小阿黛尔。

在雨果的两儿两女中，长女莱奥波尔迪娜是他最喜爱的一个。她是父亲的宠儿，也是父亲可以信赖的朋友。在很小的时候，雨果就叫她"大小姐"，她则叫雨果"小爸爸"。

1843年，雨果的新剧《城堡里的伯爵》即将上演。而此时，他的女儿莱奥波尔迪娜与一个极讨全家人喜欢的小伙子夏尔·瓦克里订了婚。婚礼预定在2月份举行。

雨果喜欢瓦克里家那两兄弟。他们是因为崇拜他而进入他的生活的。夏尔和奥古斯特两兄弟，一个于1816年出生在南特，一个于1819年在维勒古埃降生。祖祖辈辈在塞纳河上驾船打鱼。

他们的父亲夏尔·伊西多尔·瓦克里在勒阿佛尔当船主，发了笔横财，在维勒吉埃江边上造了一座白色的大房子。老大夏尔继承父业，老二奥古斯特一进中学，就饱读莎士比亚和雨果的作品，成绩十分优异，以致巴黎有个私立学校的校长把他作为一个"考试能手"，专程来向他提供机会，免费让他修完学业。

从此，这小伙子便成了查理大帝中学的学生。他热情，但更浪漫。1836年，为庆祝查理大帝纪念日，他和几个同学一起担负了演戏的任务。他们选择的剧本是《欧那尼》，于是便去征求作者的同意。雨果不但同意他们上演，还亲临剧场观看了演出。

后来，在《玛丽容》演出获得成功时，诗人在人群中发现了年轻的瓦克里。瓦克里后来说："先生笑容可掬地走到我面前。我握着他的手，感到像握着国王的手一样。"

这件事情后，这个年轻的诺曼底人和他的朋友保尔·默里斯都成了王宫广场的忠实信徒。他们还负责为《吕意·布拉斯》的上演招募"拉拉队"。年轻的奥古斯特生病的时候，阿黛尔照料了他。这个漂亮的女人俯身探视他，给他留下了美妙的记忆。

1838年，雨果去莱茵河旅行期间，阿黛尔和她的孩子都被邀请到勒阿佛尔，住在奥古斯特的姐姐家。姐姐的丈夫是新格拉维勒的创建人尼古拉·勒费弗尔。雨果的 4 个孩子从未见过海。全家便都从勒阿佛尔来到了维勒吉埃，一直待到 10 月上旬。

雨果的孩子们对他们的假期十分满意。第二年，他们便拽着父亲一同到勒阿佛尔，到维勒吉埃去了。他的家人都在这里待了整整一个夏天。

当时，莱奥波尔迪娜 15 岁，夏尔 22 岁。他自知处于一种极有利的地位。沿海航行和船队给他的家庭带来了富裕的生活，平时，尽管家庭经济状况不错，但生活方式向来俭朴，家用开支也极紧。

老夏尔·瓦格里已年迈多病，风烛残年，早想隐退。莱奥波尔迪娜那么朴实聪敏，似乎是已被指定为家业继承人的小夏尔的理想配偶。他们的婚事在这时候初步定下，这事得到了雨果夫人的赞同。

1843 年 2 月 15 日，婚礼终于在亲密的气氛中举行。没有通知维克多·雨果的朋友们。

这段时间，雨果还在忙碌着他的《城堡里的伯爵》。

《城堡里的伯爵》中所描述的那个"瓦格纳以前的魔鬼"和高傲的城堡，那四代强盗骑士，厄运之神与上帝的那场斗争，都不是雄伟的场面。

法兰西喜剧院热情地接受了这个剧本。可是，当时的气氛越来越不利于浪漫主义戏剧。一些时间以来，卓具才华的年轻女演员拉歇尔又使古典主义悲剧变得时髦。

但是，雨果还想掀起第二场《欧那尼》之战，为获取这场战斗的胜利他派了两个新的组织者：瓦克里和默里斯去找画家塞勒斯坦·南端叶，向他要 300 个年轻人，300 个年轻人下决心，做不成功便成仁的"斯巴达"人。

南端叶则晃动着长头发对派来的使者说："年轻人，回去对你们的先生说，已经没有年轻人啦！"更准确地说已经没有年轻的浪漫主义者了。

首场演出还算平静。剧场里挤满了朋友。尽管诗句优美，人们却觉得剧本庄严乏味，无从吸引观众。到第二场时，就有人吹口哨了。从第五场起，每场演出都乱成一团。

当时法兰西剧院的布洛治说，雨果有一天凌晨2时，和他一同从杜伊勒利宫前经过时，大声叫道："倘若拿破仑还活着，在法国就会只有一大事：上演《城堡里的伯爵》，皇帝也会亲临观看我们的排练！"

可是，拿破仑一世早已不在人世，夸张的浪漫主义引不起人们的兴趣，这批人里也包括路易·菲利斯时代的观众。

4月份，巴黎观众让蓬萨尔演的《吕克雷斯》大获成功，因为这个外省的新古典主义者似乎是反雨果的。巴尔扎克怒气冲冲地说："我看了《吕克雷斯》，这是对巴黎人的多么无耻的愚弄！没有比这更幼稚、更无价值、更像中学校里演的悲剧了。5年后，人们就不会知道蓬萨尔是个什么人了。雨果干了不少蠢事，活该上帝派个蓬萨尔来与他分庭抗礼。"

雨果表面上仍然泰然自若，然而那么大的仇怨，成功的代价，搅得他心绪烦乱。第三十三场演出后，他抽回了剧本，并从此不再写戏了。

1843年3月7日这一天可以称之为是浪漫主义戏剧的"滑铁卢"。

这一年，雨果打算去法国西南部和西班牙旅行。这样，他可以回顾童年时的生活，并以此医治他在巴黎的忧患。自2月份以来，他就几乎为这种忧患所侵袭。

当时，女儿莱奥波尔迪娜已怀孕3个月，她感到莫名其妙的惶惶不安，一再恳求父亲别出远门。7月9日星期二，雨果来诺曼底向她告别，后来又给她写信说："我亲爱的女儿，你知道吗，我想你时，多像一个孩子。我泪水盈眶，愿意永不离开你……在勒阿佛尔度过的那一天在我思想里留下了一道光亮，我永生也不会忘记那一天。"

雨果没有听从女儿的劝阻，他觉得女儿的烦躁可能是出于怀孕的反应。

他沿着比利牛斯山脉款款而行，商旅的风光使他诗兴大发，写了好多诗。两个月后，他再次返回诺曼底。阿黛尔正带着孩子们住在女婿在家乡附近为她租赁的一所别墅里。他要去看看孩子们，享受享受天伦之乐。

9月9日，雨果到达了一个叫苏比斯的小村子。这里距维勒吉埃也只有一天路程了。在咖啡馆喝咖啡时他拿起了报夹。一路行色匆忙，他已经有好多天没有看报了。就在他翻开报纸时，他看到了《世纪报》上的一个悲惨的事件。

《世纪报》上报道的是9月4日，星期一在维勒吉埃发生的一个事故。莱奥波尔迪娜和她丈夫在两天前离开勒阿佛尔去度周末。

在那里，他们遇到曾当过船民的叔叔比埃尔·瓦克里和他11岁的儿子阿尔蒂。

星期天下午，夏尔托人从勒阿佛尔带来的一艘赛艇抵达码头。这是他叔叔请一家造船厂按照他自己设计的图纸制造的。夏尔曾用它参加过洪弗勒尔划船比赛，夺得头奖。小艇配备有两叶很大的纵帆，顺风满帆时，小艇航速很高。不过，船体太轻，轻得不能在塞纳河上航行。他打算在第二天早上到高特贝克去接正在等他的公证人巴齐尔先生时，再试试这艘小艇。

星期一的早晨，阳光灿烂，风平浪静，蔚蓝的天空上只有几丝淡淡的晨雾。前一天晚上已经商妥，莱奥波尔迪娜陪同她丈夫、叔叔及堂弟一同去。可是，她婶妈担心小艇船体太轻，觉得坐这样的船不太安全，劝她放弃这次旅行。

两个男人及孩子出发了，没带她去。但他们随即又返回。因为，艇晃得太厉害，只得压上两块大石板。这次，莱奥波尔迪娜动心了。她请他们稍等一会，急急忙忙地换上一条红色平纹方格连衣裙就上船了。去时，旅程很短，平安无事。

他们得把巴齐尔先生带回维勒吉埃吃午饭。他提出自己坐马车前往，他根本看不起这艘小艇。觉得他这样伟大的人是不应该乘坐这样粗陋的没有品位的交通工具的。为了使他放心，夏尔和比埃尔叔叔把寄存在高特贝克码头的许多粗陶瓦运上船，加重了负荷。

巴齐尔不得已之下，才勉强上了船，可是，因为此时小艇比任何时候都摇晃得厉害，似乎就要栽倒在水里沉没似的。巴齐尔很害怕，经他再三要求，又在巴尔依瓦小教堂附近下了船，并说宁愿徒步走完剩下的路也不愿意坐这样摇晃得几乎要沉没的小船了。

小艇又出发了。风在两帆间鼓荡。不一会，在山丘与河流间回旋的一股风猛地把船吹倾斜了。这时候，原来装在船上用来压舱的石头都开始滑动，使船体失去了平衡。

艇上的人员全都失去希望。在生死存亡之际，艇上的人顽强搏斗，却是徒劳。乘客里，只剩下游泳健将夏尔·瓦克里，他还围着掀翻了的船体拼命挣扎，试图救出他的妻子。

莱奥波尔迪娜被死死地扣在船里。夏尔弄得精疲力竭，但丝毫不起作用。于是，这个从未离开过妻子的人这次也听任自己沉入水下，伴随妻子。

当天晚上，雨果带着留在他身边的3个孩子回巴黎去了，也没在维勒吉埃停留，参加令人悲痛欲绝的葬礼。

1843 年起，每逢爱女夭折的祭日 9 月 4 日这一天，雨果都要写悼亡诗，表达他心中的哀痛。

其中，1844 年写道：

她满 10 岁的时候，我正好而立，

那时候我把她当作整个世界。

有一次在大树的阴影下，

青草散发着一缕缕沁人的芬芳。

我心地纯正的安琪儿啊，

那一天你是多么快乐。

可这一切都永远过去了，

像一阵清风，像夜的暗光！

反抗拿破仑三世

爱女的死成了雨果的心病，他总是觉得冥冥中有一个声音在谴责他对家庭对亲人的不忠。他甚至想到莱奥波尔迪娜的惨剧，会不会是上苍对他的一种惩罚，

雨果由于女儿遇难，身体完全垮了，直至 12 月，他仍未恢复健康。当时正忙于争取法兰西学院院士候选人资格的巴尔扎克去拜访他，走出王宫广场的住宅后，他给韩斯卡夫人的信中写道：

啊！亲爱的天使，维克多·雨果简直老了 10 岁！他可能把女儿的死亡当作是对他的惩罚而接受。此外。他完全赞成我进学院，答应投我的赞成票。他憎恶圣佩韦和德·维尼。啊！亲爱的，这种 18 岁时的爱情、婚姻给我们留下了多么宝贵的教训！维克多·雨果和他的妻子是我们的伟大的老师。

雨果常常跑到维勒吉埃，趴在栽着蔷薇的坟上伤痛。

法兰西学院中有 5 个院士可以做法国元老院的元老。雨果所崇拜的夏多勃里昂就是元老院的元老，因此早在 25 年前，雨果就有了当法兰西元老的梦想。

1845 年 4 月，在太子与太子妃的帮助下，雨果圆了青年时代的梦，按规定新任元老必须向国王表示效忠，并支持国王所任命的各部长，正直的雨果却不肯屈就，他要"凭自己的良心说话"，并要求有"表决的最大自由"。太子妃因此很为难，最后太子还是让步了。

从 1846 年至 1848 年，雨果在元老院发表了 6 次演说。第一次是替艺术家说话，主张加强保护艺术品的创作权；第二次是替手工艺者说话，要求保护他们的权益；第三次是要求声援波兰人民，当时他们正在反抗俄国沙皇的统治；第四次是要求巩固海边洼地，改善滨海人民的生活；第五次要求取消对拿破仑兄弟子侄的放逐令；最后一次他主张帮助意大利统一，反对奥地利的分裂统治的阴谋。

由于元老院是贵族保守派的大本营，雨果的呼声是微弱的，可是他确实实现了自己的初衷，那就是要"凭自己的良心说话"。

在雨果的视野中，劳动人民占据着突出的地位。在第五次演说中，雨果大声疾呼道："你们想知道今天真正的危险在哪里吗？你们的目光不应当总盯着亲王们，而应当注视群众，注视为数众多的劳动阶级，我向政府提出严肃的警告：不能让人民受苦受难了！不能让人民挨饿了！这是一个重大的问题，这是真正的危险所在。"

值得注意的是雨果还写过一篇为童工呼吁的演说稿，后来由于元老院解散了，没有来得及发表。雨果关心童工的处境，早在 1838 年他就写过一首题为《忧愁》的诗。

在诗中他愤慨而沉重地写道：

> 坏的劳动制度啊！
> 它的魔爪抓住了脆弱的儿童，
> 它产生了财富却同时创造了穷困，
> 它使用儿童仿佛使用一个工具。

1845 年 4 月 13 日，雨果擢升为子爵，成为了法兰西贵族。

雨果感觉自己已经好长时间没有发表什么像样"值钱"的东西了。开支却突然增加了许多。

雨果重新打开了稿纸，开始辛勤创作。

在法兰西学院，雨果工作勤勉，举止庄重，眼圈发黑，但是下巴仍显得威严有力。他有时带点儿倔强，但又不失尊严。但实际上，他是在用隐藏在他著作里的那些含蓄的幽默，讽刺性地记下了同事们的谈话。

进入 1848 年 2 月之后，整个法兰西笼罩着骚动与不满。这种不满同两个重大经济事件紧密地联系在一起，一个是马铃薯病虫害带来的农业歉收，一个是工商业总危机导致的大批工人失业。

从新的年度开始的那一刻起，人们对已经统治法兰西 18 个年头的七月王朝表示了极大的不满。在自由主义者和共和主义者的宴会上，在正统王朝主义者的秘密串联中，不满的呼声四起，很多人甚至谈到了革命。

路易·菲利普国王对此不屑一顾。他认为法兰西少不了他，他无所畏惧。显然，他错误地估计了形势。正因为如此，在往后发生的事件中，他就不可避免地一次一次地做蠢事。

2 月 23 日，巴黎的街垒战开始了。已经经历过好多次革命的巴黎民众，以轻车熟路般的技巧，在"短裤汉"聚居的巴黎市郊迅速构筑起街垒。

路易·菲利普国王的第一个反应就是派国民自卫军去镇压。国民自卫军作为有产者的军队，似乎应该坚定不移地执行国王的命令。可是，事与愿违。国民自卫军中有一部分人同情革命，他们对政府的命令缺少热情，不愿向民众开枪。有一个团甚至向议会递交了请愿书，要求内阁辞职！

军队的动摇使狂妄自大的国王不能不感到事态的严重了。他决定牺牲首相基佐，让在自由派中享有声望的莫尔组阁。这样一来，资产阶级是高兴了，可穿短裤的汉子们却不答应。他们的回答道："无论是莫尔还是基佐，对我们来说都是一样！"

2 月 23 日夜晚，部分国民自卫军和起义的民众一起向原首相基佐的住宅推进，遭到把守街道路口的步兵营的阻拦。示威者派代表与营长谈判，谈判还在进行中，步兵营的士兵就向群众开了枪。

巴黎怒吼了，手执火炬的数万群众护送着死难者的灵柩，在巴黎工人区缓缓行进。有人喊起了口号："拿起武器来吧，他们杀死了我们的兄弟！"这口号得到了响应，成千上万的工人、手工业者、大学生和其他劳动者拿起武器，向七月王朝发起了猛烈的进攻。

路易·菲利普国王当然不是一个肯轻易就范的人。他立即打出了两张牌，一是任命资产阶级共和主义者梯也尔和王朝反对派的代表人物巴罗联合组织新内阁；二是授予敢于染血的陆军元帅比诺以军事指挥权，紧急调动外省的军队驰援巴黎。

然而，路易·菲利普的两张牌都没打好。尽管梯也尔和巴罗帮着国王向起义者许了好多愿，但是众人已经对这类东西听得够多了。他们以《改单报》的一则声明表明了自己的意志："公民们，路易·菲利普像查理十世一样杀害我们，我们也让他像查理十世一样被推翻吧！"

比诺元帅的军事行动也屡屡受挫。虽然这位元帅有着1834年血腥屠杀特兰斯姆南街居民的"英雄"记录，他本人也想在危机中过过枪瘾，但一队队国民自卫军的倒戈使他产生了动摇。他知道，用刺刀饮血来维持一个政权的处方，这回是难以灵验了。

元帅命令军队停止战斗。于是，起义民众利用军队手足无措的时机，迅速占领了除土伊勒里宫外巴黎所有的街区和要地。路易·菲利普国王知道七月王朝的覆灭已经不可避免。当一个幕僚告诉他，拯救王朝唯一的办法是他自己宣布退位，让年幼的孙子巴黎伯爵当国王并由其母奥尔良公爵夫人为摄政王时，他点了点头。在侍卫骑兵连的保护下，他连夜离开巴黎，流亡英国。

起义民众占领了王宫，激愤的情绪沸腾到了极点。他们把国王的半身铜像扔到窗外，把比诺元帅的图像撕得粉碎，连国王的宝座也搬到巴士底广场上点火烧了。而后，沸腾的民众高呼着"共和国万岁"的口号冲进议会所在的波旁宫，高呼："不要摄政王，共和国万岁！"把还在谋划保留君主制的立法会议议员，一个不剩地赶了出去。

2月24日晚，一个平衡着各方利益的临时政府成立。虽然这个政府的各派相互敌对，矛盾重重，但七月王朝却是彻底地垮台了。

在革命酝酿阶段的骚动不安中，雨果的态度是相对平静的。他觉得无论国家的体制怎么变，他都没有什么可以害怕的。年迈的国王对他很好，如果内阁垮台、国王退位，也不要紧。因为这样一来，奥尔良公爵夫人就会成为摄政王，那时候"摄政王谋臣"的位子肯定非他莫属。至于共和，他想都没有想，因为他认为这是既不希望也不可能的事。

可是，2月23日，当他在去议会的路上看到一队队高呼口号的士兵和武装的民众时，他立即敏感地意识到，政府已经把事情弄到了很危险的地步。暴动很快就会发生，但暴动很快就会被镇压，而革命却会颠覆王朝！

事情的发展印证了雨果的预测。一天上午，巴黎第八区区长莫罗告诉他，基佐内阁倒台了，支持改革的巴罗掌握了政权。雨果马上作出了判断，一个重大的事变就要到来！

他立即和莫罗走向王政广场。广场上正涌动着人的波涛，人海的上空不断呼啸着纷飞的枪弹。可他顾不得这些了，与莫罗区长一起扑进了人海，奔向议会。

在波旁王宫，雨果碰到了梯也尔，梯也尔告诉他，议会已经被解散了，国王退位了，奥尔良公爵夫人宣布执政。梯也尔还劝说雨果和莫罗区长马上去内务部找巴罗，马上去同他达成协议，因为这是关键时刻！

雨果接受了梯也尔的建议。在找到巴罗并从巴罗口中得到法兰西将实行摄政体系的明确答复后，雨果和莫罗又来到公爵夫人居住的推伊里宫。议会已经被解散了，公爵夫人应该马上到市政厅去。可等他赶到，公爵夫人已经在别人的簇拥下去了议会大院。

于是，雨果和一个区长急急地向前走着，他们要为七月王朝尽忠，想向本区的公民们说明国家发生的事变。雨果站在阳台上，高声宣布道："国王退位了！内阁垮台啦！"他的话赢得了一阵热烈的呼声。

雨果又高声宣布了第三个消息："奥尔良公爵夫人将任摄政女王！"

这次雨果的话迎来的是一片嘘声，随后便响起了"打倒波旁王朝！""绞死法国贵族！"的口号声。

这使莫罗区长很沮丧。当雨果要求再往巴士底广场宣布国王决定时，莫罗摇头了。莫罗说："巴士底广场四围聚居着革命劲头最高的巴黎下层社会民众，你去宣布摄政体制，弄不好他们就会向你开枪！"

雨果不听劝阻。他答应过巴罗，他得遵守诺言。经过一番努力，他终于登上了一座戏台。可是，他的演说遭到了强烈的反对。"短裤汉"们高呼"打倒波旁家族"的口号，一个工人甚至举枪向他瞄准高喊："打倒这个法国贵族！"

工人最终没有开枪，因为有人告诉了他演说者的姓名。然而，雄辩的演说家没有取得任何效果，后来他不得不听从莫罗区长的劝告，离开巴士底广场，怏怏地回家。

他一向自认为是人民的朋友、被压迫者的知己，可是现在他和人民有了分歧。他主张君主立宪，而人民却要建立共和国。他是袖手旁观，站在斗争之外，还是反对人民的意志或是与人民站在一起呢？也许他那关于开明君主的政治理想真的是落伍了吧？雨果很早便赞成共和，但是使他困惑的是在法国这个时刻是否到来了呢？共和的条件是否成熟了呢？

一星期后雨果作出了新的选择，他在《致选民书》中表示愿意听从选民的意志。他写着："我属于我的祖国，她可以支配我。"

二月革命后举行的大选中，雨果被选为议员。他不知道自己属于哪个党派，他只知道自己应该支持穷人，反对富人。支持秩序，反对混乱。

哪个集团的会议他都不参加。他认为法兰西的根本症结在于事实上的民主，而不是口头上的共和。这种不明不白的立场使他自己也不满意，也使他在4个月后发生的另一场革命中，处于一种极端的矛盾和痛楚的状态之中。

在现实中资产阶级独揽了大权，工人的切身利益得不到保障，失业问题极严重。巴黎的工人奋起反抗临时政府了。

5月15日，20万示威群众拥向波旁宫，他们的领导人登台向政府表达了工人的愿望，他们要求进行巨大的改革，向百万富翁征税，救济失业者，监督政府，支援欧洲各国起义的人民。他们的建议并没有被采纳。

于是，工人们便打算宣告成立新政府。临时政府调动军队逮捕了工人领袖。

6月23日，由于临时政府要关闭安置失业工人的国家工厂，工人在巴黎街头筑起了街垒，街垒上空飘扬着红旗，上面写着："活着没有工作，情愿战斗而死！"

制宪议会派出议员代表回去和街垒战士谈判。雨果也肩负着前往街垒说服起义者放下武器的重任。雨果知道这一使命是危险的，但他还是毫不犹豫地去了。

街垒就在面前，它有两层楼那么高，是用翻倒的马车、褥垫和马路上挖出来的石块筑起来的。从缝隙中可以看见黑黑的枪膛正对准着前方。

雨果独自一人在马路中央走着，手里挥动着白手帕。他终于走近了街垒，他向那些枪口对准他的工人们介绍共和国的情况，宣传博爱、和解，说起在家里等待着他们的妻子儿女，又谈到未来。

雨果劝说他们放下武器，因为可以不用枪炮，不必流血，心平气和地达成协议。

工人没有向他开枪，也没有作声。后来有一个人代表工人们对雨果说："您也许真的热爱法国，雨果先生，可是我们对她却有另外一种爱法儿。请您回去告诉派您来的人，就说所有的街垒保卫者谁也不会放下武器。"

雨果没有因这次失败而罢手，他冒着枪林弹雨又走向另外一个街垒。可是在这里他的劝说仍然是徒劳。

雨果的呼吁当然不会有人响应。人们早就杀红了眼。而且，当他从广场街垒回到议会之后，立即有人告诉他，他居住的房屋已经被"短裤汉"们点上了火，幸亏有朋友帮忙，他的家眷才迅速搬迁躲过了更大的灾难。

雨果心慌意乱，拉马丁也沉不住气了。两个诗人都在猜想，面对这么多武装民众，这一回富人们可是要倒霉啦。

临时政府终于对工人动手了，大炮对准了街垒，人民惨遭杀害，也有的被监禁、流放。25000 名被捕者中未经审讯而被流放的就有3500 人。

制宪议会绝大多数议员都赞成对起义者严厉惩罚，只有 34 名议员表示反对，雨果便是 34 名议员中的一个。

雨果在自己的日记中写道："无论是叛乱，无论是特别戒严，也无论是制宪议会的决议都不能迫使我去做我认为不公平和不好的事。"

由于镇压革命有功，军方首领卡芬雅克将军的地位大大地提高了，他在戒严的名义下正在国内建立军事独裁，他封闭了 11 家报纸，还逮捕了同情革命的作家。

雨果对卡芬雅克将军上台执政没有好感。他认为将军虽然口头上是个共和主义者，骨子里却是一个残忍的暴君。

作为一个作家，一个穷苦百姓的朋友，他不愿与卡芬雅克将军为伍。9 月 15 日他发表演说，坚决要求取消死刑。为了扩大他的影响，他与两个儿子一起创办了《时事报》。

1848 年 8 月 1 日，雨果在制宪议会上发表了争取出版自由和反对逮捕作家的长篇演说。9 月 2 日，他又发言反对政府宣布的戒严。

10 月要选举共和国的总统了，雨果不愿意选卡芬雅克，正在这时拿破仑的侄子路易·波拿巴拜访了雨果，这个野心勃勃的亲王为自己涂上了民主思想的光环，声称他曾写过一本论贫困的书并强调自己是同情穷人的。

他慢条斯理地表白自己说："有两个人可以作为一个注重功名的人的楷模，这就是拿破仑和华盛顿。我不是一个伟人，我不想效法拿破仑，但我是一个正派人，我要以华盛顿为榜样。

"如果说拿破仑比较伟大些，华盛顿却善良些。一个是罪恶的英雄，另一个是善良的公民，二者之间，我愿做后者。"

路易·波拿巴的一番话果然打动了雨果。1848 年 12 月法兰西第二共和国举行总统选举的时候，雨果坚定不移地站在卡芬雅克的对立面，热忱地支持拿破仑的侄子路易·波拿巴竞选。在选举前一天出版的《时事报》的整版副刊上，波拿巴的名字史无前例地出现了 100 多次。

很快，选举结果出来了，正如雨果希望的那样，路易·波拿巴获得了胜利。

然而，雨果很快便发现支持路易·波拿巴是错误的。路易·波拿巴曾表示要做一个华盛顿式的善良的公民，可是他上台以后的行为与他的宣言完全是背道而驰的，他提拔重用保王党中的名流和毫无原则的投机钻营者，使法国上层领导中反动势力占据上风。

　　他听从教皇的呼吁，派出法国军队前去镇压罗马的革命。左派议员谴责这一决定，指出侵犯罗马就是侵犯宪法，总统应受审判。左派议员还组织了游行，政府动用军队镇压了左派的革命活动。

　　为了维护自己的地位，路易·波拿巴通过了缩小普选范围的提案，企图剥夺部分公民的选举权。

　　从1851年2月起雨果就在议会不仅发言反对政府，也反对路易·波拿巴本人。而当波拿巴企图修改宪法，要求延长任职年限的时候，雨果简直是要破口大骂起来。

　　波拿巴的真面目暴露得越快，雨果的态度也转变得越快。他很快便从温和派的营垒里杀了出来，与左派并肩战斗，并成了反对波拿巴的领袖。

　　雨果用行动实践了自己的誓言，他在议会发表演说，抵制波拿巴的错误做法；他在共和党议员的宣言上签字，公开与共和党站在一起；他在自己的演说集的序言中斩钉截铁地说："共和是个思想，共和是个原则，共和是个法权，共和是进步的体现，现在我要为共和而斗争！"

　　雨果的举动触怒了波拿巴，波拿巴便借故将他的两个儿子、两个学生判了短期徒刑。

　　雨果一点也没有惊慌失措。他每天都到监狱去看望他的儿子和朋友们，和小伙子们一块儿津津有味地品味偶尔从监狱小铺子里买来的红葡萄酒。

　　他明白下一个会轮到他自己。监禁或者是流放，他都觉得无所谓。他已经义无反顾，他豁出去了。

12 月 2 日早晨 8 时，雨果醒来后，仍然坐在床上，开始写作。

他的仆人神情惊慌地走进来说："一位人民代表有话和先生说。"

雨果问道："谁？"

仆人说："万尔西尼先生。"

万尔西尼是位胆大心细的人，他走进来，讲述了事情的经过。昨天夜里，波旁宫被关闭，议会的总务主任被捕，议会主席杜班懦弱无能，墙上到处张贴着宣布武装政变的布告。决心奋起反抗的代表在布朗什街 70 号高本男爵夫人家里集合。

雨果急忙穿上衣服，往一个被他保护的失业木工吉拉尔家里赶去。吉拉尔已到了大街上。人们看布告，照常去上班。每个橱窗前面，都有一些赞成政变的人在演讲："反动的多数派被赶走了。"

过路行人只耸耸肩膀。雨果说："人民会起来战斗的。"在布朗什街 70 号，雨果找到米歇尔·德·布尔日和其他一些代表，其中有博丹、埃德加·基内。不一会，客厅里挤满了人。雨果第一个发言，他说，应该立即斗争，针锋相对。

米歇尔则说："我们不是在 1830 年了。当时，221 名代表都深得民心，如今的国民议会可不是那样做了。应该使人民有认清形势的机会。"

雨果没有出声，他像往常一样，只相信自己的眼睛。他跑到林荫道上，这时在圣马丁门的岗哨周围，已经聚集了一大群人。一队步兵鼓手打头，走上林荫道。一个工人认识雨果，问他该怎么办？

"撕毁宣告政变的传单，高呼'宪章万岁'！"

"要是向我们开枪呢？"

"你们也拿起武器。"

一声响亮的呼喊作了答复："宪章万岁！"陪同雨果前来的一位朋友劝他冷静点，不要给路易·波拿巴的士兵以开枪的借口。

雨果又返回布朗什街，向同事们讲述了当前的形势，提议发表一个宣言，同事们没有人反对。他口述道："致全体人民：路易·波拿巴是个叛徒。他践踏了宪章。他背信弃义，无视法律。希望人民肩负起责任。共和国的代表走在前列。"

警察监视着集会的大楼。会议只好转移到热马佩巷 2 号拉封家召开。一个左派代表委员会诞生了，有人想把它称为"暴动委员会"。雨果反对说："不，应该叫'抗暴委员会'。暴动的是路易·波拿巴。"

过了片刻，雨果又在大街上会见了前来求见的蒲鲁东。"我作为朋友来告诉您，"蒲鲁东说，"您在异想天开，人民还被蒙在鼓里，他们不会行动的。"

雨果仍然坚持原来的想法。他希望人们第二天就会突然地觉醒，然后马上团结起来战斗。

第二天一大早雨果回了趟家，仆人一见他就告诉他："昨天夜里他们来过，想逮捕您！"

雨果终于来到了集合地圣安瑞，一群议员占据着这个桥头堡，他们已经和政府军发生了冲突，有一个年仅 33 岁的议员在冲突过程中被打死了。雨果和他的战友们没有被鲜血吓倒，他们感到主要问题就是人太少。他们决定加强宣传，唤醒民众。只有人民参与进来，抗击政府的行动才有可能取得胜利。因为人民总是站在正义的一边。

12 月 4 日，是决定性的一天，也是开始大屠杀的一天。自由资产阶级的抵抗遭到了政府的残酷镇压。在巴黎，参与资产阶级斗争的人民中，死亡不下 400 人。雨果断言至少有 1200 人被杀，卡斯泰尔说至少有 2000 人。

雨果和他的战友的宣传组织工作非常奏效。法科和医科的大学生出动了，工会发动了五六千人。可是政府的军队也在不断地向各据点调动。

但是人民发动得毕竟还是太少，一开始，凭着一股热情，起义的人民一度包围了警察厅，后来随着军队源源不断地到来，起义者马上转入了劣势。在政府军面前，起义的民众看起来不堪一击。

5日，政府军控制了全城，为了减少流血，革命委员会命令停止抵抗。

雨果的名字上了黑名单，波拿巴在政变一开始就下达了逮捕雨果的命令，还悬赏25000法郎。

雨果不得已装扮了起来，头上还低低地戴了一顶鸭舌帽，身上穿一件黑色宽袖外套，远远看去，真有点像一个工人。蒙飞烈侯爵亲自送雨果上了火车，就这样雨果到了比利时首都，成了一个流亡国外的进步作家。

流亡中坚持斗争

1851 年 12 月 12 日，雨果化名为菲尔曼·朗万下了火车，抵达布鲁塞尔。雨果开始了他苦行僧般的流亡生活，每天开销仅 3 法郎 5 个苏，比一个普通的中学生也好不了多少。他以调侃的语调写信给阿黛尔："现在我坐在一个最卑微的位子上，谁也不会想把我从这个位子上拉下来了。"

虽然雨果离开了祖国，可是他的心仍然牵挂着祖国。当时另一个著名的法国作家大仲马经常为出版新书的事宜来到布鲁塞尔，他成了雨果了解法国的主要途径。

人民的情绪怎么样？作家们在沙龙里议论些什么？有什么新作问世，雨果总是可以从大仲马那里听到许多非官方的巴黎新闻，这些新闻常常使他激动不已。

雨果了解祖国的另一个途径是他那还住在巴黎的妻子阿黛尔。许多作家如贝朗瑞艾蒂耶常去看她，雨果请她把她在巴黎与人会见的情况和谈话的内容写成日记寄给他。这样他虽然远在千里之外，但是仍然可以感受到祖国的心脏的搏动。他决心继续战斗。

雨果一到布鲁塞尔，便拿起笔，开始了另一种战斗。他想把法国刚发生的事情原原本本地写出来，用他那火焰般的词句来鞭笞恶棍，唤醒民众的心。流亡的同伴们都很赞成这个主意，大家都主动提供材料，都希望能借助于他那支生花妙笔，替大家出口气。雨果把计划中的这本书叫作《一个罪行的始末》。

流亡者大批来到了比利时，人人争相向他讲述自己的所见所闻。

在旅馆时，他隔墙住的是人民代表万尔西尼。当时，雨果就是和他一同奋勇当先反对政变的。

雨果在布鲁塞尔的中心广场附近租了两间房子。房主薛白尔大娘非常崇拜雨果，非常热爱共和国，因此她自愿做起了雨果的门卫。她常常对那些前来找雨果的人说："先生，你不能进去，一次也不行，雨果先生正在写文章。"

能够冲破薛大娘的阻拦的只有拉莫里谐将军。拉莫里谐是波拿巴的死敌，他知道雨果在写批判波拿巴的书，非常高兴，因此每天早晨都要和薛大娘进行一番争吵，随后便冲了进来。

进门后，他总忘不了给雨果做个手势，叫他别动，自己则坐在一边抽烟。待雨果停笔时，他就破口大骂，骂窃国贼波拿巴，骂得惊天动地，随后便请雨果把他写的文章读给他听，雨果那慷慨激昂的文章使他觉得很痛快，于是他便心满意足地走了。

可是第二天，他又来了。这位愤怒之神为天才雨果添上了羽翼，使他写作的速度更快。

阿黛尔于 12 月 19 日来布鲁塞尔接受丈夫的指示。她负责以假名和假地扯，把大量的小册子和文件从巴黎寄来。大仲马为了躲债，也来到了布鲁塞尔。他负责传递信件。

雨果劝他的妻子和孩子们省吃俭用。他再次把自己想象成破了产，而且他也说过自己破了产。

比利时总理罗尔埃送给雨果一批衬衫，他欣然领受。而且，当时波拿巴大概已经正式把他列入放逐名单。这样，他的财产，就连他的动产都有可能被抄没。其实，他们并没有触动他，因为阿黛尔可以不受阻拦地代她丈夫领取作家协会的薪金，甚至还可以领取法兰西学院发给他每年 1000 法郎的津贴。

政府当局不愿落个迫害大诗人的骂名。雨果的夫人甚至没费吹灰之力便把他的 30 万法郎的法国公债转到了他手中，谨慎的雨果马上换成新办的比利时王家银行的股票，可是这也得通过布鲁塞尔市长夏尔·德·勃鲁盖尔签字。

这位市长几乎每天都来看雨果，他曾向一个朋友透露说："雨果并不像他装出的那么穷，我知道，他流亡此地并非毫无准备、身无半分。我就知道他还有笔储蓄。"

12 月末，雨果离开旅馆，在大广场区 16 号另租了一间几乎是空空荡荡的房子，室内只有一张长靠背椅，一张桌子，一面镜子，一口裂了的平底锅和 6 把椅子。他居住在那里，每月总共花费 100 法郎，每天只吃一餐饭。

其实，雨果希望只靠他自己的收入过活，不动用已储蓄起来的资本，以确保他死后家人能维持生计，他知道他们没有挣钱的能力。

阿黛尔在巴黎的一举一动，无愧为一个流亡者之妻。她为丈夫在政治上发挥的作用所感到的骄傲，更甚于他在文学上所赢来的荣耀。一些忠心的朋友去看望她，探询她和雨果的近况，称颂雨果的胆略和在大街上反抗政变的英雄气概。

阿黛尔在给雨果的信中写道：

> 共和党人个个惊讶不已。他们曾说过："雨果是一个进步人士，也许还是一个卓越的演说家，一个伟大的才子，可是一旦时候到了，他会投入战斗吗？"当时他们从各方面怀疑你。既然你经受了考验，使他们完全满意，他们便为当时怀疑你而感到遗憾了。

阿黛尔和雨果一样，在一种高尚的态度中得到慰藉："我感到生活中乌云密布：你流亡他乡，儿子和朋友身陷囹圄。我心里有点痛苦，但我发自内心的情感却得到了满足。使我忧伤的事情只是短暂的，叫我自豪的事却会伴我终生。"

在布鲁塞尔，雨果正在以他那种强烈的情感所带来的干劲与乐趣拼命地工作。4月份，巴黎传闻他将获得安全通行证。于是，他便叫人发表了下述声明：

以前，维克多·雨果先生曾托人要求波拿巴先生准许他返回法兰西，但现在他没再向对方提出过这方面的申请。

雨果放弃了5月份完成《一个罪恶的历史》的计划。见证缺得太多了。他本想先发表一篇不完整的文章，可是无论哪家出版商都不敢用他的手稿。胆小怕事的比利时政府不愿冒强邻报复的风险。雨果便决定先撰写和发表一本抨击性的小册子叫《小拿破仑》。这是一篇扣人心弦的即兴作品，是一份具有强烈的拉丁特色的控诉书。这里面有西塞罗的激情、塔西陀的活力、朱韦纳尔的诗意。

顾名思义，雨果这本小册子是专门揭露路易·波拿巴的为人、骗术、阴谋和罪恶的。雨果相信这本小册子一定会受到读者的欢迎，他在给妻子的信中写道：

这是智慧对暴力颇富情感的回敬。墨水瓶反对大炮，墨水瓶一定会摧毁大炮。

雨果的这篇抑扬顿挫、节律有致、富有韵味的散文，表达了他愤怒的激情，像诗一样美。笔调时而犹如预言家的嬉笑怒骂，时而犹如斯威夫特式的冷嘲热讽。

为了能连续不断工作，雨果免去了所有的晚餐和家庭的欢聚，而这些通常是流亡者的慰藉。不管是终生流亡，还是暂时流亡，他都感到相当幸福。

《小拿破仑》脱稿后，雨果在流亡者的集会上朗诵道：

波拿巴先生，你应该了解天理良心是什么，哪怕是稍微了解一下也好。世界上有两样东西，名叫善和恶。你觉得这新鲜吗？那就只好向你解释一下：撒谎——不好，背叛——丑恶，屠杀——更其下流。这样做虽然有利，然而天理难容。是的，大人，天理难容！谁敢反对？谁不允许？谁能禁止？

波拿巴先生，你可以称王称霸；可以得到 800 万选票来支持你犯罪；可以得到 1200 万法郎来花天酒地，摆布参议院并把西布尔安排在里面；可以有军队、大炮、要塞；可以有在你面前匍匐膜拜的特罗隆之流和巴罗什之辈；你可以做暴君，当太上皇——但是，冥冥之中有一个无形的陌生过客将站在你面前大喝一声：你不能这样做！

《小拿破仑》成了流亡者的精神寄托。许多流亡者，大仲马、瑞拉泰等不时光临雨果简陋的住处，为的是能对《小拿破仑》新写的章节先听为快。

文稿完成后，对文稿充满了希望的雨果不得不考虑下一步的走向。很显然，文稿一旦付印，势必对雨果和雨果一家的财产产生直接的威胁。波拿巴政府已经公布了反对《滥用书报法》。按照这个法令，犯有这种"罪行"的法国人，即使身在国外，也要被罚款或者被没收财产。

雨果决定只要能够得到比利时政府的批准，就把全家搬到布鲁塞尔来，或者干脆搬到英国所属的泽西岛去。布鲁塞尔市市长已经向他透露，比利时政府很可能要颁布一项法令，禁止对友邦政府首脑进行侮辱性攻击。如果真的那样，他肯定存在被比利时政府驱逐的可能性。

一番权衡之后，雨果还是决定把下一站放在泽西岛。布鲁塞尔距离巴黎太近了。为此，他委托阿黛尔对他在巴黎的财产，一些房屋、家具、古玩图书等，进行了大拍卖。虽然这场拍卖使雨果几十年精心搜集的藏品损失殆尽，但是为了《小拿破仑》的出版，他只有忍痛割爱了。

1852 年 8 月 1 日，在以主席身份主持了一个流亡者的盛大宴会之后，雨果和他的儿子查理·雨果一起乘船离开比利时。

离开比利时的时候，雨果豪迈地说："我为了打击十二月阴谋并扭住国贼，所以从法国流亡出来，现在为了写《小拿破仑》又从比利时流亡出来了。没有什么，多被放逐一次，如此而已。"

雨果和儿子从布鲁塞尔起程。岸上站满了送行的人，他们中大部分是居住在布鲁塞尔的法国流亡者。当雨果登上邮船时，妇女们挥舞着头巾，男人们则高喊："维克多·雨果万岁！"

雨果禁不住热泪盈眶，他高喊着："共和国万岁！"来回答人们。

这时候下起了滂沱大雨，但雨水并没有驱散送行的人们，所有的人仍然站在岸边，直至邮船离去。人群中可以见到大仲马的白色坎肩。

泽西岛是一个接近法国的小岛，岛上长满了郁郁葱葱的植物，到处点缀着美丽的玫瑰。

雨果很快就爱上了这个被他称之为"世界上最好的流放地"的小岛。当然最使他兴奋的还是《小拿破仑》出版发行的成功。

它印行了 100 万本以上，英、德、西班牙都有译本。人们整千本整千本地偷运进法国，大仲马说："我们的一个朋友最近就在小拿破仑的半身像里还偷偷地藏了20多本带进了法国。"

路易·波拿巴对这"该死的谤书"大伤脑筋，他雷厉风行地禁止，但是没用，而且越禁止，看的人越多，没有书，那就借一本来抄。波拿巴现在应该认识到笔杆子的力量了。

1852年8月，在一个火热的夏日，3位旅客，维克多·雨果夫人，她的女儿小阿黛尔以及她的追随者奥古斯特·瓦克里一同乘船抵达泽西岛。他们途经南安普敦村，对头一次在那里吃到的烤牛肉留下了极坏的印象。

两天后，雨果和夏尔也赶到金苹果旅店和他们会合。流亡在泽西岛的人数相当多，但身份要比在布鲁塞尔的低。他们来到码头迎接诗人，和当地居民一起向他欢呼。

维克多·雨果由于长期勤奋工作，不修边幅，样子变多了。这位头发卷曲，风流倜傥，颇具上流社会派头的人物，完全变成了一个粗犷的劳动者，饱经苦楚的脸庞显得憔悴，眼睛炯炯有神而又专注。

不过，他很快便恢复了那种快活和清醒的神志。

雨果一家在海边租了一座单门独户的房子，人们叫它"望海阁"。每天雨果都在海边漫步，遥望远方薄云缭绕的祖国海岸。

每天清晨，当小岛还沉浸在睡梦之中的时候，雨果便站在写字台前挥笔写作了，他喜欢站着写作，因此他的书桌特别高。继雨果之

后，美国的著名作家海明威与雨果不谋而合，也喜欢站着写作。雨果写得很快，几乎无一涂改，那些诗句是昨天在海边散步时酝酿成熟的。

雨果兴犹未尽，他觉得应该继续写下去，这次他决定写一部诗集。他说："坏蛋们既然只有一面被烤，那我把他们翻过来烤。"

不论是白天黑夜，人们都看到这个能言善辩、义愤填膺的人沿着海滩和沙丘，朝罗扎尔悬崖峭壁方向漫步。整整一个秋天，愤怒激发他写出许多出色的诗篇。

他不但写了《土伦》《诺克斯》《赎罪》，还写了《良心》与《基督初次接触坟墓》。自 1852 年 11 月以来，连同在巴黎时留下的那些反对"正直人"的诗篇，他一共写诗 1600 行。他希望能写到 3000 行。诗中充满着大量的讽刺和诅咒。任何流亡者，由于与行动脱节，失去了有节制的观念，往往会变成一个糟糕的政治家，但也可能变成著名的诗人。

雨果也和但丁一样，在他把怒火倾注到诗篇中的同时，又在为自己的这种怒火辩解。

雨果给这本怒斥罪恶的诗集取名为《惩罚集》。与《小拿破仑》相比，这本诗集在揭露波拿巴的罪恶和本质方面显得更加痛快淋漓。同时，在诗集中我们不难看到雨果本人那高大的形象，感受到他的愤怒和决心。

《惩罚集》在比利时出版了两个版本，一种是全本；另一种是删节本。公开卖删节本，实际送全本，这样便逃避了比利时的法网。《惩罚集》也被偷运到了法国，再次引起了轰动。

1853 年至 1856 年间，雨果的激情与日俱增，他不但写出《沉思集》中的宗教诗篇，还完成了两部神学长诗《撒旦的末日》与《上帝》的大部分。

宗教、深渊、帝国、空间和时间，雨果翱翔在这一切之上，视野之宽广只有但丁和弥尔顿才能相比。在《撒旦的末日》这首诗里，他刻画了黑暗中天使的毁灭，并用赞美的诗句歌颂了基督的激情。

至于定名为《上帝》的那首长诗，则是思想在世纪、宗教之间的奔驰。

政治流亡者的生活条件是艰苦的。艰苦对雨果来说是可以忍受的，但不能接受。

一旦寄居国的政策要求和流亡者的祖国亲善，流亡者便必然成为牺牲品。

1854 年的一个下午，雨果正在散步，突然看到人们正往海边的一个广场奔走。雨果是个极富好奇心的人，又正闲着，也就随着人群走。到了海边广场，才知道是刽子手正在对一名死刑犯执行绞刑。

早在 1828 年，雨果就表示坚决反对死刑，为此他还专门写了一本书《死囚末日》。他认为对罪犯实施死刑，以暴易暴是对人类道德文明的羞辱。因此，当他目睹泽西岛这桩惨剧之后，他彻底忘记了自己流亡者的身份。当天晚上就用辛辣嘲讽的笔调，给英国公共事务大臣帕麦斯顿勋爵写了一封信。

他在给帕麦斯顿勋爵的信中严厉地写道：

先生，您把那个人吊了起来。好极了。我衷心祝贺您。在这件事好几年以前的一天，我曾经和您共进过晚餐。我想，您也许已经忘记了这件事，可我还记忆犹新。当时您给我留下的最深印象，是结领带的那种罕有的方式。有人告诉我，您以善于为自己打领结而扬名。现在，我发现，您还颇善于为他人打领结啊！

雨果是有理的，可是一个外国人，有理便是错。

虽然雨果在信中用了许多自嘲的笔调，但他对于野蛮死刑的不满与讥讽是不言而喻的。不过帕麦斯顿到底还是个绅士，他笑了一笑，把信往秘书手里一推，也就不了了之了。

到了1855年，雨果与英国当局的矛盾日益加剧了。

1855年，小拿破仑前来英国拜会英国女王，流亡者们在小拿破仑必经的道维尔市的墙壁、栅栏上贴了许多传单，上面写着："您到这儿来有何贵干？您打算来凌辱谁呢？是凌辱以英国人民为代表的英国，还是凌辱以法国的流亡者为代表的法国？""您给这个国家带来了什么呢？这是托马斯·莫尔、莎士比亚、弥尔顿、牛顿、瓦特、拜伦的国家，这个国家不需要学习蒙马特尔街心花园那类龌龊的榜样。"

英国警察只得到处撕扯传单，累得筋疲力尽。于是在英国国会上提出了雨果的问题。

在1855年10月，维多利亚女王回访法国皇帝时，流亡伦敦的法国共和党人费里克斯·比阿用粗俗的方式攻击了女王。他拿这次访问开玩笑，说她在访问中"替康罗贝尔洗澡，笑饮香槟酒，拥抱热罗姆"。比阿致女王的这封公开信是在泽西岛流亡者办的报纸《人类》上发表的。

比阿说："为了爱上这位盟友，您牺牲了一切，牺牲了女王的尊严、妇女的谨慎、贵族的骄傲、英国女子的情感；牺牲了身份、血统、性别；牺牲了一切乃至廉耻。"

《人类》报的主编查理·理贝劳尔元帅，该报的董事皮昂西尼上校以及一个叫托马的普通售报员，都根据英国政府的命令被驱逐出境。

雨果对《致女王的公开信》持保留意见。他觉得信的格调低，但他又为受害者辩护，在一份措辞强烈的抗议书上签了名，反对驱逐他们出境。

10 月 27 日，要塞司令圣克勒芒彬彬有礼地通知雨果和他的两个儿子，根据帝国的决定，他们不能在本岛继续逗留。给他们一个星期做准备，限期 11 月 4 日离境。

10 月 31 日，雨果和他的小儿子离开了泽西岛，起程前往附近的格恩济岛。

阿黛尔母女和瓦克里随身带着 35 件行李，最后赶到。有一次，一个沉重的箱子在搬往小船时，在波涛汹涌的海面上摇晃了好几下，险些掉入海中。那里面装的是《沉思集》《悲惨世界》《撒旦的末日》《上帝》《街头与林间之歌》的手稿。这么多不朽的名著同时遭遇这么大的风险，恐怕是空前绝后的。

格恩济岛是一个三角形的岛屿，这里曾经是流放犯人的地方，岛上高耸着一个个悬崖。在一个悬崖顶上有一座三层木质结构的楼房，从这里可以鸟瞰英吉利群岛的全景。

这座楼房便是雨果在格恩济岛上的"上等别墅"。现在已辟为雨果纪念馆。当年雨果买下这座楼房后，很想把它变成一件艺术品，因此他做了精心的装修，不少房间的格局都是雨果亲自设计的。

底楼客厅的墙壁上挂着木质镶板，上面画着《巴黎圣母院》的场面。楼下还有一个台球房，饭厅壁炉的炉台上放着一尊救苦圣母像，像下有 4 句铭言："人民还小，但将要长大。在你神圣的怀抱里，丰产的母亲啊！逐步争取世界的圣洁的自由神啊！你抱着圣婴，圣婴抱着天下。"

雨果非常喜欢岛上深居简出的生活，孤独的状态使他文思泉涌，他完成了诗集《默想集》，史诗《古今史吟》，长篇小说《悲惨世界》《海上劳工》《笑面人》等。

但是，雨果的妻子和女儿却无法适应这种单调、缺乏社交的生活。1859 年，雨果夫人便带着女儿前往伦敦治病散心。雨果看着邮船载着妻子与女儿离开了格恩济岛，他心里很矛盾。

5 月份，阿黛尔和女儿回来了。6 月份的时候，雨果平生第一次染了重病，好几个星期里，一个痈疮使他面临生命的危险。

1859 年的整个下半年里，烦恼一直缠绕着雨果。而妻子和孩子们离开海岛换换空气的时间也越来越长了。

1859 年，波拿巴也作出了开明的姿态，他颁发了对流亡者，包括对雨果的特赦令。许多流亡者都返回了祖国，但是雨果却不愿回去。在雨果看来，回去，便意味着向帝国低头，承认自己失败，跟暴君和解，这是绝对不可能的。在给一位老朋友的信中雨果写道："责任不允许我回国。我感到很痛苦，但我这一行动是正确的。"

他在一份声明中说道："我忠于在良心面前承担着的责任，我要在有自由的流亡生活中坚持到底，直至法国恢复自由的时候，我才返回。"

老骥伏枥

权力和财富在你们生活中对你们来说常常是一种障碍。剥夺你们的一切，实际上是给了你们一切。

——雨果

创作出不朽巨著

到格恩济岛后，雨果就筹划着要出一本诗集。他给诗集定名为《静观集》。《小拿破仑》虽然发行了近百万册，但都是通过秘密途径，他没有得到一分钱的稿费。

虽然雨果在比利时银行还有 30 万法郎的存款，但那是准备在他万一去世后留给阿黛尔和孩子们生活用的，他不想动用这笔钱。这就迫使他在考虑下一个作品时，也必须考虑它的经济效益。

来到格恩济岛时，雨果的创作卷宗中已经积累了 11000 行诗。这些诗歌有的是对往日幸福的回忆，有的是对当下悲凉的感叹。如果加以归纳，也就是回忆和沉思的范畴。

一个也在流亡的出版商艾特策尔想出这本《静观集》。但是书报检察机关能够允许一个大名鼎鼎的逃犯的作品在法国公开发行吗？因为，检察机关的顶头上司可是暗探局。

艾特策尔不死心，他是一个锲而不舍的商人，他决定委托雨果忠诚干练的学生保尔·默里斯直接去找暗探局的局长。

暗探局局长海克托尔·科连先生从前有过一段在《时事报》当编辑的经历，还曾经是雨果作品的崇拜者，因此，他对保尔·默里斯的名字一点也不陌生。当保尔·默里斯敲开他的房门后，他立即张开双臂，亲昵地迎了上去。

海克托尔·科连在确认《静观集》中没有任何反对制度的诗句后，同意了保尔·默里斯的请求。

《静观集》就这样戏剧性地出版了。它一出版，就让整个法国着实吃了一惊。很快，第一版就被一抢而空，紧接着第二版、第三

版······

虽然诗集在法国评论界遭遇冷漠，但它丰富的内容、多样的旋律、扑朔迷离的词句以及挥洒自如的风格，都实实在在地打动了读者。

而同时，雨果也获得20000多法郎的稿酬。雨果重新获得了安全感。对一个渴望写作的人来说，有一个安全的环境真是极其重要的。

《静观集》出版之后，根据出版策划人艾特策尔的建议，雨果暂时搁置了出版哲理诗《上帝》和《撒旦的末日》的计划。艾特策尔的理由很简单，雨果的仇人们正等着寻找一个借口好把他发配到一个更远的小岛，雨果没有必要挺着脖子往枪口上撞。

雨果听从了出版商的建议，把目光转向史诗性的叙事长诗，于是就有了轰动一时的《历代传说》。

《历代传说》反映的是一个波澜壮阔的历史题材，气势恢宏，极富美感，连一向敌视他的文学评论家茹尔·泰那尔也不能不折服地说："谁是唯一的预言家？雨果！其他的人只会嘟囔。你可以用高山、海洋和一切合乎你心愿的东西来形容他，只是别拿形容其他人的东西去形容他。"

而福楼拜说得更透彻："不到一定的时候，雨果不愿意让自己负担太重。可能是想力求写得更多一些，他过去曾经把一个看门人——一个闻所未闻的得意扬扬、令人厌烦、高谈阔论而又非常像他的看门人——推给群众来做他的替身，结果大家都落入了他的圈套······但是在国家政变之后，这个看门人只好留在巴黎看守自己的门房。现在维克多·雨果要直接发言了，于是，《历代传说》出现了。"

《历代传说》是雨果一本匠心独运的好书，获得了巨大的成功与好评。

随后，雨果又创作了长篇小说《悲惨世界》，它使雨果登上了他一生的最高峰。

雨果构思《悲惨世界》已经有很长一段时间了。早在1828年他发表小说《死囚末日》的时候，创作一部以"苦刑不义"为主题的小说就已经在他的考虑之中。

从很小的时候起，雨果就看到过许多受迫害的人。他认为一个有良知的作家，应该同情受迫害者，应该用自己的笔为受迫害者说话。

30年来，雨果一直在构思和创作一部巨型社会小说。不公正的刑罚，死囚的赎罪，悲惨的情景，一个真圣人的影响等，这些主题在他写作《死囚末日》《克洛德·格》和诸如《为了穷人》之类的诗篇时，就在他脑海中萦回。

雨果早已积累了许多素材：苦役犯监狱，狄涅城主教米奥里斯，苦役犯比埃尔·莫兰，海滨蒙特依玻璃工业，一个粗鲁的人把一团雪塞进一个不幸妓女祖露的后背里等。

《悲惨世界》展现了从拿破仑在滑铁卢的失败直至1832年反对七月王朝的人民起义这一阶段的历史面貌，绘制了一幅规模庞大的社会和政治生活的图画。

《悲惨世界》中的很多素材来自雨果本人的亲身经历。小说中的马吕斯的思想经历了从保王党人到波拿巴主义者再到共和党人的三个发展阶段。与雨果本人的思想发展轨迹是一致的，马吕斯追求的珂赛特，有很多阿黛尔的影子，而对珂赛特在修道院那段生活的很多细节则来自一本名为《圣·马德兰修道院一个女寄宿生的手稿》。

据人们所知，《悲惨世界》是以好几个真实的例子为依据的。

真实的米奥里斯主教大人的为人，完全和书中米里哀主教大人一样，甚至更善良。这位圣洁的高级教士的清廉、苦行、仁慈以及他语言的诚朴，在狄涅城赢得所有人的敬慕。

苦役释放犯比埃尔·莫兰，由于持着黄色通行证，所有旅店都把他拒之于门外，最后来敲主教家的门，在这里，他和冉阿让一样受到了朋友般的款待。不过比埃尔·莫兰后来并没有像冉阿让那样偷走银烛台，主教把他打发到自己的弟弟德·米奥里斯将军麾下。将军对比埃尔十分满意，以至把他留作传令兵。现实生活给过于模糊的形象提供了模特儿，而艺术家把明与暗安排得恰如其分。

更远一点，雨果运用了他的亲身经历。在《悲惨世界》中，可以看到德·罗安神甫、书商卢阿约尔、萨盖大妈、斐扬底纳的园子。年轻的雨果在书中变成了马利尤斯，彭眉胥便是莱奥波德将军的化身。

马利尤斯追求的珂赛特，就像是阿黛尔。马利尤斯赌气，3 天没理珂赛特，是因为卢森堡公园的一阵风把她的裙子一直掀到了胯下。马利尤斯在政治上的大转变和作者完全相吻合。

在泽西岛，雨果补充了许多章节。如一些大学生们与轻浮的妇女，滑铁卢德纳第搜查尸体，小比克布斯修道院，躲在一具棺材里外逃，1817 年的一些朋友，以及关于路易·菲利普的一些情节。

1840 年，他拟订了这部小说最初的计划：《悲惨世界》——一个圣人的故事，一个男人的故事，一个女人的故事，一个孩子的故事。

从 1845 年至 1848 年，他几乎倾全部精力来写作《悲惨世界》，它当时的题目是《让·特雷让》。由于革命，这项工作后来中断了。《惩罚集》的急流把一切都卷了进去。

直至 1860 年 4 月 26 日，雨果决定不再离开小岛后，他才打开在流亡途中多次濒于毁灭的铁箱子。那里面装有《悲惨世界》的手稿与素材。

他在文中曾写道：

> 我花了整整 7 个月对整个结构反复思考，理清脉络，使 12 年前写的一部分和今后将写出的另一部分完全一致。何况，一切都打下了牢固的基础。今天，我又重新开始 1848 年 2 月 21 日中断的作品。

雨果曾是一位浪漫主义作家。转向政治后他越来越关注现实社会问题，因此他创作中的现实主义因素便越来越多。《悲惨世界》正是这样一部"两结合"的作品。

小说的题材基本上是现实的，如对劳动人民的悲惨生活，1832年革命以及滑铁卢战役的描写都具有明显的写实性。但是雨果前期创作中所表现出来的浪漫主义特色在这部小说中仍留有深刻的痕迹。

《悲惨世界》绘制了一幅规模庞大的社会和政治生活的图画。书中的中心人物是在逃的苦役犯冉阿让，流落街头的妇女芳汀和芳汀的女儿珂赛特。

在简短的序中，作者指出，本世纪存在着三大问题，那就是贫穷使男子潦倒，饥饿使妇女堕落，黑暗使儿童羸弱，《悲惨世界》的三个中心人物分别是男子、妇女和儿童的化身。

通过这三类人的不幸，作家要抨击的主要是不公正的法律及其他不良社会习俗，作家认为这是造成人民不幸的主要原因。

作为一个富有责任感的作家，雨果不但要写出这个社会不尽如人意的现状，同时还想要开出治疗病态社会的药方。

小说开头描写了米里哀主教与1793年法国大革命的领导人之间的一场思想冲突，米里哀主张以仁爱、宽恕等基督教道德规范感化人们，使人们弃旧图新，而革命家则主张以暴力革命的手段推翻旧社会，创建新社会。这两种思想的交锋是全书的总纲。雨果企图以未来的名义把这两条道路调和起来并结合在一起。

小说的情节仍有明显的传奇色彩，如冉阿让奇迹般的越狱，他的骤富，他救助珂赛特的行为，他躺在棺材里逃脱危险。与此相适应，小说中的人物特别是冉阿让也是带有传奇色彩的一个不寻常的人。他那超人的体力、惊人的技巧、高度的自我牺牲精神都带有浪漫主义夸张手法的痕迹。

雨果的语言热情、流畅，如大河般滔滔不绝，成语格言警句层出不穷。他既是一个善于讲故事的小说家，又是一位有见地的政论家，《悲惨世界》正反映了雨果身兼二职的个性特点。

小说第四部的下半部与第五部的前四部分表现了 1832 年 6 月 5 日以圣梅丽修道院的共和主义英雄们为主体的起义斗争。

这场起义的导火线是共和党人拉马克将军之死。当时巴黎人民要为他举行盛大的殡葬仪式，遭到了政府的阻拦和镇压，于是星星之火燃成了燎原之势。起义队伍迅速扩大，席卷巴黎 1/3 的地区，光是在圣梅丽修道院就聚集了 600 人之多。

雨果以最动人的词句歌颂革命起义，赞美起义者的英雄行为。凸显在这幅如火如荼革命斗争画面之上的有年近 80 岁的老翁马贝夫，为了升起被敌人排枪打掉的红旗，他冒着弹雨爬上街垒。

有巴黎街头的流浪儿小英雄格夫罗舍，他乐观勇敢，冒险去街垒外收集子弹，最后被敌人击中，壮烈牺牲。

经过了 1848 年革命洗礼的雨果，对 1832 年革命的评价与当年已经是大不相同了，他借小说人物之口指出，共和党人进行的是正义的战争，这些伟大的革命的街垒，是英雄主义。

1861 年 6 月 30 日，小说终于完成。雨果在写给奥古斯特·瓦克里的信中写道：

今天，1861 年 6 月 30 日 8 时 30 分，当一轮红日挂上我的窗扉时，我写完了《悲惨世界》。我知道，这消息多少会使您感兴趣的，而且我希望您是从我这里得到这消息的。

因为我早答应写这张便条通知您。您把这部书看作友谊的标志，并在大作《外形与怪相》中提及。因此，我要告诉您，作品很好。

我用写这部书的最后一滴墨水写了这几句话。

雨果知道作品写得很好，会吸引大批读者，因此他想充分利用这部小说，以便保障家人将来的生活。

但是，找哪一位出版商呢？在比利时有一位年轻的出版商，叫阿贝尔·拉克卢瓦，他身材瘦弱，十分好动，醉心于文学，并有很高的素养，激情充沛，样子精明，躲在夹鼻眼镜后面的那双狡黠的眼睛不停地瞅着他那微微隆起的细长鼻子，蓬乱的红棕色头发盖住了脸庞。

这位出版商主动承担出版，并愿意以 30 万法郎购下 12 年的版权。这是雨果平生第一次获取这样一笔数目的稿酬。这以前，拉马丁、斯克里布、大仲马、欧仁·苏赚的钱远比他多。

拉克卢瓦有胆量，愿投资本，银行家奥庞埃海便借给他 20 万法郎。好几家报纸希望获得连载该书的权利，雨果拒绝了，他想把一切机会都留给出版商，另外他觉得分段发表对艺术品无益。拉克卢瓦希望对哲学部分进行删节，也遭到了拒绝。

在巴黎，忠心耿耿的保尔·默里斯再次登上指挥台，组织人进行宣传评介。阿黛尔、奥古斯特·瓦克里和查理·雨果协助他。

很快，这本书就火爆了。当年只付出 30 万法郎稿酬的阿贝尔·拉克卢瓦，在 1862 年至 1868 年间，就净赚了 51.7 万法郎，为此，他还专为《悲惨世界》的出版举行了一次宴会。

在《悲惨世界》之后，雨果又在 1866 年出版了长篇小说《海上劳工》，把流亡期间的创作推向了一个新的高峰。

在《海上劳工》中，作家要表现的主要是人与自然的斗争。雨果是一位擅长讲故事的作家，他深知故事对读者的吸引力。因此他为小说中的那场人与自然的搏斗安排了一个动人的爱情故事，一个单恋的故事，就像卡西莫多对爱斯美拉达的爱一样。

《海上劳工》的创作缘起很有点偶然性。那是 1859 年夏季，雨果到一个叫塞克的小岛去度夏。在那里，雨果观察了海员怎样攀登陡峭的绝壁，探索了悬崖上走私贩子们栖身的岩洞，观察了一种凶猛的海洋生物章鱼。

而就在他将要离开小岛的时候，看到了令人终生难忘的一幕。雨果在自己的日记中记下了这一幕：

> 塞克港，6 月 10 日 11 时。一个人滑进岩石之间。他被卡在悬崖上最窄的一个岩缝里，无法挣脱出来，万般无奈，留在里面，直到常常淹没这个岩缝的海潮涌来，可怕的死亡！

也许，正是这个卡在岩缝中的人无奈绝望的神态触动了雨果，他看到了人类在大自然面前的脆弱。于是，人和自然该怎样相处就成了《海上劳工》巨大的创作动力。

雨果喜欢把自己的小说创作说成是"关于命运的宏伟建筑"。如果说《巴黎圣母院》是宗教之命运，《悲惨世界》是法律之命运，那么《海上劳工》就是自然之命运了。

尽管《海上劳工》中的波涛、峭壁和海怪都是据实描绘，而且是出自一位大画师之手，但近景的形象并不出色。有些形象似乎是大仲马或欧仁·苏的小说的翻版。既有个性不突出的走私犯，也有过分夸张了的叛徒。至于主人公吉利亚特和戴吕谢特，他们属于雨果独特神话里的典型人物。

女主人公戴吕谢特是一个年轻的未婚妻，理想的但又无意识的冷酷的姑娘，是犯错误前的阿黛尔，是一直萦绕他脑际的幼稚的幻想。男主人公吉利亚特被描写成一个虽然失恋，但情操高尚的人，他是雨果的另一个幽灵。

主人公吉利亚特特别喜欢航海，他熟悉这儿海底的一切。了解海峡里的每一个浮标，他的脑袋里好像装着一张海图，他常常驾船，在最艰难的航程中冒险，他喜欢这种危险的活动。他曾在岛上举行的一次航行比赛中获得第一名，得到了一艘单桅帆船作为奖励。

吉利亚特靠打鱼为生，他捕的鱼特别多，他并不出卖鱼，常常把鱼分给大家。除了打鱼，他还能做木匠、铁匠、车匠、修船匠的工作，他甚至还懂机械。他身材并不很高，力气也并不很大，可是靠着他的智慧他可以举起只有巨人才能举起的东西，做出只有超人才能完成的奇迹。

吉利亚特的聪明才智和善良品行，并未给他带来好的名声。当地人愚昧无知，迷信流行，因此总是戴着一种有色眼镜看他，把他看成一个巫师似的神秘人物，一个心怀恶意的人，因此这个超群出众的人便显得相当孤独了。

在岛上有一个出色的人物叫李特尔芮，他是一个有钱的船主，他有两件心爱的宝贝，一件是一艘机帆船叫"杜兰特号"。

另外一件便是他侄女戴吕谢特，这是一个天真美丽的女孩，从小死了父母，李特尔芮把她抚养大，并把她视为掌上明珠。

吉利亚特从未和戴吕谢特交谈过，可是他认识她，他远远望见过她，正如一个人认识晨星那样。他们间的距离是遥远的。可是在一个冬日的早晨，他们在路上相遇了，戴吕谢特并没有与吉利亚特谈话，只是调皮地朝他笑了一笑，用手指在雪上写了几个字。待她走后，吉利亚特上前一看，发现那几个字正是自己的名字。

无忧无虑的戴吕谢特很快忘记了自己那一时心血来潮的游戏，可是那个名字从此却铭记在了吉利亚特心灵的最深处，他爱上了戴吕谢特。可是他的爱前途渺茫，不仅是因为他穷，更重要的是戴吕谢特心里并没有他。

不久，李特尔芮那艘心爱的船触礁沉没了，有一艘船从它旁边开过，那位船长用望远镜对它看了很久，他断定，损坏的只是船壳，然而那艘船的心脏，即它的发动机还是好的。可是五六天后它也会损坏，而这台机器的价值是 40000 法郎。必须设法把机器救出来。然而要成功谈何容易。派一艘船和一批水手去吗？这无疑是再送一艘船去遭难，当时正是海上的暴风季节，只要一阵狂风吹来，锚链就会被暗礁的棱角挫断，船就要在礁石上撞得粉碎。在礁石上操作吗？谁肯为了一堆烂铁去白白地牺牲呢？

这时，戴吕谢特说话了："如果有这样一个人的话，我便嫁给他。"

于是，第二天晚上，吉利亚特便坐船出发去拯救那机器了。撞坏"杜兰特号"的杜弗礁石就在前面了。这是一对双生子式的礁石，一个高 18 米，另一个高 12 米，它们像两个笔立的高峰，又尖又曲，两个峰顶几乎相碰。远远看去，像海底一只大象伸出的一对长齿。两座礁石之间只有一条窄路，因此这里的波浪特别汹涌。

吉利亚特靠拢礁石时，正好退潮，在杜弗礁石下露出一些像跳蹬一样的石头。利用这些石头他卸下了食物、工具，随后便开始观察地形和被毁坏了的船。

第二天早上，吉利亚特便感到了大自然的敌意，风把他装食物的篮子抛到海里去了。现在他除了饼干和裸麦面外，什么都没有了。于是他只好靠贝类来维持生存了。

第一个星期吉利亚特把船上和船周围的礁石上散落的东西仔细收集起来并分门别类地放在一个石洞里，那是他的仓库，这些东西后来都能派上用场。

第二个星期到来的时候，他便在一个洞里修建了他的煅铁炉，他改造了一个通风的山洞把它做成了独特的鼓风机，当他在做这一切的时候，他有一种奇怪的感觉，他好像不是在工作，好像他是在抑制或预防某种潜在的攻击的危险。

利用炉子他做了许多钉子，修好了铁链和起重装置。随后便开始拆卸船上的机器了。可是食物却越来越少了，淡水也喝完了，一天又一天，他的精力越来越少了。他把蚌蛤活生生地吃下去，把螃蟹放在火边烧红的石头上烤熟了吃，冰冷的雨淋得他发了烧，他还是不停地干，由于工具简陋，条件艰苦，他不得不浪费大量的劳力去取得很小的进展。

终于，一切都准备好了，整个机器已被吊在8条铁链上了，随后吉利亚特便把他的船开进了两座礁石间的狭道，他早已测量过，知道宽度和水深都足够了。

就在他要把机器降到船上去的时候，天气突然变了。西风夹带着大海里的一切力量，把太多的惊涛推进了狭窄的港带，紧接着一浪高过一浪的海浪凶猛地向他冲来。

吉利亚特事先已预见了这一点，他把许多木板固定在礁石上，用它们减缓海水的流速，又在入口处装了一块大木板，使海水到这里受到一定的阻拦，减缓它的冲力。随后他便开始锉那吊住机器的铁链。待铁链断后他便用绞车缓缓地把机器放到他的小船上，而涨潮的海水抬起了船身，大自然接受并完成了吉利亚特的命令。工作完成了，只等出发返航了。

因为船的烟囱很高，只有等退潮后才能离开，还要等12个小时，他决定睡一会儿。醒来时潮水已经退下去了，吉利亚特立刻跳起来把船驶向峡谷的出口，现在小船已经离开了那个破船的船体，可以自由地起航了。

可是吉利亚特没有走，因为大风暴要来了，他拼命地从他的仓库里搬东西，在东边筑起了一道防浪堤，小船的三面都是安全的，它有两座礁石和闸门的保护，只有东边最薄弱。

第二道防浪堤也将完成，这时风暴来了，波浪一群被震碎紧接着又来了第二群，激动澎湃的海浪将吉利亚特的防线一层层击毁了。但在岩体的阻拦下，他终于战胜了风暴。

在洞里吉利亚特发现了"杜兰特号"的船长的骸骨，在残骸的皮带上系有一个铁箱，箱子里有3捆钞票，共75000法郎，原来西尔克吕班遇到了那个卷财而逃的伙计，从他手里抢走了钱，然后一手制造了沉船事故，以便掩人耳目。没想到，在他跳下水后被章鱼缠住了，终于葬身鱼腹。

吉利亚特回到船边，意外地发现船进水了，原来在与风暴的搏斗中，小船被损坏了，裂了一条缝，又经过一番艰苦的奋斗，他终于堵住了裂缝，满载而归了。可是他没有和他所爱的戴吕谢特结婚。他发现戴吕谢特与新来的神甫相爱了，为了她的幸福，吉利亚特放弃了自己的权利，成全了这对年轻人。而他自己则坐在一块礁石上，听任涨潮的海水把他淹死了。

自居住在龙街阁楼里那时起，雨果没有一刻忘记过那些屈辱和愤慨。归根结底，这部书还是以天才和朴实为主，新颖、动人，必然获得成功。

《海上劳工》是一首歌颂忘我劳动和牺牲精神的颂歌。雨果笔下的吉利亚特是劳动者的象征，是人类的象征。他具有工匠的巧手，发明家的智慧，水手的勇敢，英雄的心灵和战士的意志。

为了塑造他那高大完美的形象，雨果以他惯有的雄健的风格，形象地描绘了大自然的种种可怕情景，风暴、巨浪、巉岩、海底动物，所有这一切雨果都用洋洋洒洒的语言作了真切的刻画。

在漫长的流亡岁月中，雨果对格恩济岛的每一个角落，对大海的变幻无常都曾做过细致的观察，这使他能得心应手地展现海洋景物。

在描写大自然时，为了突出斗争的惊心动魄，雨果一方面描写了自然景物的巨大有力，同时还将其拟人化、伦理化，突出地展现其狡猾、凶残、恶毒的一面，有力地衬托出了吉利亚特勇敢、机智、善良的高大形象。

当时，雨果并不急着出版《海上劳工》。他希望立即动笔创作另一部长篇小说。他说："我的时间不多了，可还有好多部工程浩大的书要创作或结尾呢！"

然而，因《悲惨世界》发了横财的拉克卢瓦一直在盯着雨果。拉克卢瓦热情的努力成功了。他一会儿恭维，一会儿叹气，雄辩滔滔的口才，叫一个作家无法抵挡。雨果心软了，把已准备好的两部著作的手稿《街头与林间之歌》和《海上劳工》都让给了拉克卢瓦。

紧接着《小日报》和《太阳报》的经纪人米洛，《时事报》经纪人维尔梅桑相继向雨果要求首先的发表权。米洛愿出 50 万法郎，至少相当于今日的 1 亿法郎，及在杂志上一大堆热情洋溢的好话作为酬劳。

然而，雨果断然拒绝，他说："我的理由来自我的文学良心。正是这种良心使我不得不在这 50 万法郎面前害羞地闭上眼睛，不管我会为此感到多么惋惜。《海上劳工》只会以单行本的方式问世。"

米洛对雨果说道："让一个人只要出 10 个生丁买一份连载您的著作的报纸，您就极好地做了普及性的工作，这样所有的人都买得起您的书。谁都可以读到它。家庭主妇、城市工人、乡村农民既不需要夺走孩子口中的半片面包，也无须抽去老人炉膛里的半截木炭，就可以让他们看到您的杰作，从而沉浸在光明、宽慰与消遣之中。"

在僵持一阵之后，雨果最终退步了。

《太阳报》由于连载了这部长篇小说，尽管已先出了单行本，但其发行量从 28000 份猛增到 80000 份。新闻界也大胆为其叫好。

回巴黎继续斗争

1867 年，巴黎举行万国博览会，大家主张把巴黎最好的东西展示给全世界。拉克卢瓦出版了一本由雨果撰写序言的《巴黎导游》。

有人提出要重新上演《欧那尼》。雨果却是将信将疑。警察当局难道不会指使人去捣乱？雨果在巴黎的代言人瓦克里和默里斯都不相信会有这种事。

为了不让人有任何喝倒彩的机会，人们决定修改一下以前"插入"剧本中的一些诗段。雨果本人也给瓦克里写信说："可以把'是的，国王！仆人，仆人！我是你的仆人。'改写成：'是的，你说得对，我是你的仆人。'"

小心谨慎是没有必要的。引起 1867 年的观众不满的，恰恰是这种修改后的东西。坐在正厅的那些早已把原剧本背得滚瓜烂熟的观众，当即站起来纠正这些被修改了的诗句。雨果事先已托瓦克里转去了他亲笔签名的准演书，并且要求瓦克里在准演书上印一个醒目的词：Hierro。

演出很成功，不仅上演获胜，在政治上示了威，而且经济上赢得了最丰厚的收入。

雨果夫人阿黛尔坚持场场必到。她丈夫和儿子深知，任何激动对她的健康都有危险，因此希望她至少不要去参加一般性的演出，因为那可能会有点乱。

她不听，并且说道："我活在世上的日子屈指可数了，不能不趁重演《欧那尼》的机会快活一下，因为，这是对我美好的青春时期的纪念。难道我能错过这样的机会吗？不，先生！首先，《欧那尼》绝不会被喝倒彩。其次，我知道怎么对付那种嘈杂的声音，我的眼睛能支持住，即使我重新失明，我也要去观看《欧那尼》。即使把我这条老命赔上去，我不会怎么样。"

这种谦恭的态度感人至深。和她期望看到《欧那尼》重新上演的心情一样，这表明她到了生命最后的幸福时刻。

巴黎市民看到她容光焕发，神采奕奕。她每场都不放过。患有风湿病的奥古斯特·瓦克里领着她，步履艰难地走向剧院。一个眼睛不行，一个身体病残。各家报纸都报道了维克多·雨果夫人在巴黎的消息，这使她欣喜："我的名字多响亮！"

大学生们和往昔一样，前来要票助威。他们中有一个对保尔·默里斯说："维克多·雨果先生就是我们的信仰。"

夏天到了，全家在布鲁塞尔团聚的时刻也到了。阿黛尔与丈夫久别重逢，感到分外高兴。她说："我吗，一旦我再抓住了你，就要紧抓不放，也不管你同意不同意。我对你将那样温柔，那样亲切，使你没有勇气抛弃我。我最后的梦想就是死在你的怀抱里。"在她奄奄一息的时候，她真的抓住了这根过去常常使她胆战心惊的支柱。

最终，阿黛尔如愿以偿。1868 年 8 月 24 日，阿黛尔和丈夫乘坐敞篷马车一起兜风，丈夫对她体贴温存，她兴高采烈。第二天下午 15 时，她突然中风，吁吁喘息，全身痉挛，半身不遂。

1868 年 8 月 27 日，雨果在记事本上写道：

今天早晨 8 时 30 分，她离开了人世。我为她合上了眼睛。唉！上帝将收下这柔顺而伟大的灵魂。我把她还给上帝，愿上帝保佑她！遵照她的遗愿，我们将她的灵柩运往维勒吉埃，把她安葬在我们死去的那位温存的女儿旁边。我将伴送她到墓地。

当天，瓦克里和默里斯专程从巴黎赶来，参加入殓仪式。雨果在日记本上这样写着：

我捧起鲜花，撒在她的脑袋周围。我在她的脑袋旁撒了一圈白菊花，脸没有盖上；接着，我又把花瓣撒遍她全身，整个棺材里都装满了花。然后，我吻了吻她的前额，低声对她说："愿上帝保佑你！"之后，我在她旁边跪下来。夏尔走了过来，接着是维克多。他们悲号着吻了她，站在我身后。保尔·默里斯，瓦克里和阿利克斯都在哭泣。

他们俯下身子，一个挨一个地吻了她。下午 17 时，铅棺被焊合。在放上棺材盖以前，我掏出衣袋里的一片小钥匙，在她头部上方的铅壳上刻上两个字：维·雨。棺材被封住了，我吻着它。棺材被抬走前，我穿上了丧服，我不打算再脱下它了。

雨果把灵柩一直护送到法国边界，瓦克里、默里斯、医生阿利克斯把它一直送到维勒吉埃。

1869 年，拿破仑三世的第二帝国已经摇摇欲坠。法国在墨西哥的军事失败，对欧洲各国的外交失利激怒和侮辱了法国人民。心力衰竭、疾病缠身的皇帝做了些让步。他早已无法维持的东西，却还想将它改造一番，使得最少"发现有 3000 万臣民有理由不满"！

雨果依旧坚守他的反抗，而且为了加速第二帝国垮台，他支持两个儿子和保尔·默里斯、奥古斯特·瓦克里创办了《召唤报》。

《召唤报》于 1869 年 5 月 8 日问世，印数一下便达到 50000 份。

雨果完成《笑面人》后，又和戏剧《笃尔克玛达》一起重返舞台。他一如既往，来到布鲁塞尔度过 1869 年的暑期。

1869 年 7 月 23 日，他给儿子查理及弗朗索瓦的信中写道：

我亲爱的孩子，我高兴地告诉你们，我将于 7 月 31 日至 8 月 5 日期间抵达布鲁塞尔。眼下我要写完一点东西。我想尽量做一次旅行。

我在布鲁塞尔逗留的日子里，你们为我准备中午餐，我请你们吃晚饭，也就是说，每天，你们 4 个人，包括已生出 6 颗牙齿的乔治都到邮局旅馆来吃晚饭。

这可以减少家务。别忘了，必须在我的卧室隔壁安排一个夜间侍女，我老是在夜间感到呼吸困难。

9 月，雨果答应去洛桑参加和平大会。他所到之处，群众高呼："雨果万岁！共和国万岁！"他为欧洲合众国的公民们作了一次讲演。

一个月前，自称是自由主义者的皇帝又实行了新的赦免。但是雨果回答说，在《克伦威尔》里有这样一句诗：

喂，我饶恕你。

可你有什么权利饶恕我，暴君？

1870 年 7 月 19 日，法皇拿破仑三世在俾斯麦的挑动下，对普发动战争。这场战争使得雨果犹豫不决。如果帝国获得胜利，拿破仑三世就会摆脱危机；如果帝国失败，整个法兰西便会受辱。是否应该把帝国抛在脑后，作为一名国民自卫军回国，去为法兰西舍命沙场？雨果开始整理行装。不过，他无论如何要先去布鲁塞尔。

8月9日，情况变得明朗，战争变成了法国人民的灾难。3次战役，法兰西连连败北。雨果1870年8月9日在日记本上写着：

我要把我的所有手稿塞进3个箱子里，使自己能听从义务和事件发展的召唤。

19日，雨果到法兰西驻比利时大使馆申请去巴黎的护照。雨果对代办安东尼·德·拉布莱说，他回法国是为了尽一个公民的义务，可是，他不承认帝国。他说："我在法国不能做超出一个国民自卫军职责范围的任何事情。"

1870年8月19日，雨果在本子上记着："代办彬彬有礼地对我说：'首先，我向当代的伟大诗人致敬。'他要我等到晚上，到时他派人将我的护照送到我家。"

9月3日，皇帝投降。4日，共和国宣布成立。5日，雨果来到布鲁塞尔火车站售票处，用他激动而颤抖的声音喊道："来一张去巴黎的票。"他戴着一顶软毡帽，一只有背带的皮包挂在肩上。他看看时间，脸色苍白地对陪伴他的年轻作家德勒·克拉尔迪说："这个时刻，我整整盼了19年！"

夏尔和阿丽丝、安托南·普鲁斯特、德勒·克拉尔迪都上了车。在朗德尔西，他们见到了首批败退的法兰西士兵，那是些疲惫不堪、垂头丧气的残兵败将。士兵们上着蓝大衣，下着红军裤。雨果噙着热泪向他们呼喊道："法兰西万岁！法兰西军队万岁！"他们带着沮丧的神情，模糊不清地注视着这个泪流满面的白胡子老头。

透过车窗，他们看到了法兰西的原野。雨果哭了。火车于9时35分抵达巴黎。迎候他的群众人山人海。欢迎的场面无法形容。

· 177 ·

一出站台，人们就发现了他，渐渐地，拦阻他的人越来越多了。热烈的欢呼声与远处的大炮声汇成一片，雨果登上车站大楼的阳台，向巴黎人民喊出了他的心声："语言已无法表达宽宏大度的巴黎人民给予我的使我感到如此激动的难以形容的接待。公民们，我以前说过，我将在重建共和国之日返回祖国。瞧，我已经回来了！我回来要履行自己的天职。"

雨果接连 4 次发表演说。人群高呼："雨果万岁！"还有人背诵《惩罚集》诗句。群众想把他带到市政厅。他大声喊道："不，公民们！我不是回来推翻共和国临时政府，而是来支持它的。"也有人高呼："小乔治万岁！"当走到他下榻的弗劳旭大街保尔·默里斯的家门口时，他对群众说："我 20 年流亡，你们用一个小时就补偿了！"

经过漫长的流亡岁月回到祖国，既感到可怕又感到亲切。他又重见了多年来思念的故人和故地。

然而也感到可怕，因为一跨入国境，就发现一切都翻然大变。因为祖国变得那么死气沉沉，毫无活力。因为在这么多的陌生面孔中自己觉得成了异乡人，尤其因为刚从被单纯的思想控制的奥林匹斯山下来就要置身于街头的吵闹和广场上的市集之中。

雨果在他居住的弗劳旭街保尔·默里斯家里，接待了数不清的来客。作家德勒·克拉尔迪，他给雨果带来了一枚从皇族中弄来的金蜜蜂纹章；一些将军，他们前来听从雨果指挥；一些官员，他们来向雨果谋求职位。雨果回答说："可我什么也不是呀！"这等于是礼貌地回答说："我什么也不打算干。"

雨果又见到了泰奥菲尔·戈蒂埃。后者亲切、有感情，但显得尴尬。因为，这位善良的泰奥菲尔作为《箴言报》的文艺评论员、玛蒂尔德公主的图书管理员，领过帝国的俸禄。

雨果一到巴黎，就写了一篇《向德国人民呼吁书》，书中写道：

德国人民，和你们说话的是一位朋友。这不幸的误会是怎么回事？两个民族创立了欧洲。这便是法兰西与德意志。今天，德意志想毁掉欧洲。这可能吗？这场战争难道是我们挑起的吗？不是，是帝国想发动战争，是帝国引发的战争。

现在帝国已经死了，那好，我们和这具僵尸没有任何共同之处。德国人民，如果你们硬要打仗，那也行，不过你们也得小心。来吧，来攻打巴黎的城墙吧！巴黎人民将在你们的炸弹和机枪扫射下奋起自卫。

我这个老头，也将手无寸铁地站在自卫的行列里。我愿和战死的巴黎人民在一起，我可怜你们和杀人的君主为伍。

雨果的呼吁没能制止侵略战争，于是雨果决定以一名普通的国民自卫军战士的身份去参加保卫巴黎的战斗。朋友们费了九牛二虎之力才使他相信，他发表讲话的作用要比战死在巴黎城墙下大得多。于是雨果发表了《致法国人》。

雨果斗志昂扬地号召法国人"起来！起来！别喘息，别休息，别睡觉。专制在向自由进攻。德国企图侵犯法国。让我国大地上悲愤的烈火像融化冰雪一样，把这支庞大的军队熔化掉吧！"

在围困中的巴黎，每天晚上仍然有演出，雨果的戏剧对观众仍有相当大的吸引力，剧院场场满座。另外雨果的诗集《惩罚集》也在这时再版了。雨果把稿酬和演出所得全部捐献给祖国铸造大炮。在一尊大炮上人们刻上了"惩罚"两字，在一门大炮上刻着"维克多·雨果"，另外一尊大炮上刻着"夏托登"。

大街上，到处是步兵、国民自卫军和游击队的队员们，他们常常背着在敌人的炮火下从田野里收摘来的蔬菜。商店里空空如也。穿着粗布工作服，戴着圆帽的工人们呼喊着："公社万岁！"

1870年9月19日，普鲁士军队已经占领了1/3以上的法国领土。

雨果·老骥伏枥

· 179 ·

与此同时，他们的 20 万大军也已经完成了对巴黎的包围。为此，巴黎物资供应极其匮乏。两棵白菜都成了雨果一家珍贵的礼品。但雨果不以为然，对一个经受了 18 年流亡之苦的老人来说，这种物质的苦难真的算不了什么大事。

可是，当他看到一队队士兵唱着《马赛曲》从大街上经过的时候，已经白发丛生的雨果哭了。他在日记里写道：

> 我听见了那个有力的号召，每一个法兰西人，都应该为祖国而生；每一个法兰西人也应该为祖国而死。我听着听着，哭了！前进！英雄的军队！我将踏着你们的足迹向前！

但是局势已经越来越严峻起来了。在 1870 年 7 月的时候，法国有正规的军队 40 多万人。然而，拿破仑三世投降了 10 万人，巴黎元帅投降了 17 万人 ，又溃散了 10 余万人。到了 1870 年 10 月的时候，能够有效抵抗普鲁士军队的正规军，已经不超过 5 万人了。

这时，议和已经成为了政府唯一的选择了。为了缔结和约，必须选举一个国民议会。国民议会不得不选波尔多为所在地。雨果是塞纳区的候选人，他因有把握选上，便去了波尔多。尽管想到他将进入的是一个认可失败的国民议会，他感到不快，但又不能避免。

雨果 1871 年 2 月 13 日起程。新选出来的国民议会根本没有代表雨果那种共和主义与爱国主义的意愿。占领的国家不愿再让波拿巴分子统治，他们是招致失败的罪魁祸首，但也不愿接受共和党人的主宰。它同意让老君权主义分子掌握国柄，并要求和平。一些自 1830 年以来就一直没有离开过城堡的乡绅和正统派的老朽，现在又出现在波尔多的杜尔尼大街。这些，都让雨果感觉到格外的愤怒。

1871 年 2 月 18 日，雨果在给保尔·默里斯的信中写道：

> 无论是对你还是对我来说，局势都显得十分可怕。国民议会只是个"无为议院"。在这里，我们是 50 对 700。面对占压倒多数的这些人的可恶行为，左派也许只有一条出路，那便是实行必要的集体辞职，这也许是给国民议会捅一刀，并将给它带来致命的创伤。

在这个挤满了议会代表的城市里，很难找到住处，夏尔和他的妻儿在圣摩尔街 13 号找到了一个小套间。

当雨果一出现，城市就沸腾起来了。国民自卫军挥动着军帽；人群欢声雷动，使这位激动得热泪盈眶的老人躲到了一家咖啡馆里。

2 月 16 日，雨果满 69 岁。28 日，梯也尔向议会提交"一份罪恶的条约"，要求议会批准。按照这项条约，必须牺牲阿尔萨斯和洛林两省。在委员会上，雨果宣布，他可能不会参加这项提案的投票。

不久，因为很多议员以加里波的不是法国人为由，反对左派议员加里波的参加选举，雨果因此辞去了议员的职务。

就在这时，发生了一件不幸的事，雨果的大儿子突然中风死去了。3 月 18 日，悲痛万分的雨果把儿子的灵柩送到巴黎拉雪兹神父公墓。就在这一天，巴黎的无产阶级发动了震惊世界的巴黎公社起义。他们占领了整个巴黎，根据人民群众倡议，建立了新型国家。

往后事态的发展越来越令人揪心。公社社员在激战时杀人放火。凡尔赛枪毙巴黎人。按照雨果的说法，国民议会有多残忍，公社就有多疯狂。双方都失去了理智。

1871 年 5 月 29 日，巴黎公社的最后一个街垒被特罗普将军的军队攻克。获胜后的特罗普将军以巴黎公社枪杀 64 名人质为口实，连眼皮也没眨一下就下令枪毙了 6000 名公社战俘。甚至已经逃到比利时的公社社员，也不断遭到凡尔赛方面的枪杀。

巴黎公社起义失败后，雨果在《比利时独立报》上发表了公开信。在信中雨果写道："我不曾和他们在一起，但我接受公社的原则。""我愿意把街垒广场4号住宅作为避难所。"

雨果对这种壮举的后果是完全有思想准备的，在公开信中他表示："如果他们到我家来逮捕逃亡的公社社员的话，就让他们逮捕我好了。如果有人要把他引渡给法国当局的话，我就跟他一起去。我和他一同坐在被告席上，人们将在权利保卫者中间，在被凡尔赛的国民议会击败的公社社员旁边，看到一个被波拿巴流放的共和党人。"

雨果坚信："比利时政府会反对我，但比利时人民将站在我的一边。"雨果收到了许多的支持信，可是在夜里来了一群普鲁士暴徒。

紧接着，一些大石头砸烂了他家的窗户玻璃和分支形吊灯。小乔治惊恐不安，说："普鲁士人来了！"暴徒们企图砸烂护窗板，却未得逞。行凶者是50多个衣冠楚楚、样子可笑的年轻人。他们是受人指使的、企图加害雨果的暴徒。

其实事情并不严重，但比利时政府却颁布法令，命"维克多·雨果先生，69岁，法国文人，立刻离开比利时王国，不得再次返回"。

雨果并不屈服，他表示："我可以毫无困难地经受放逐，也许在我一生中经常被放逐一下倒是件好事。"他不愿再次回巴黎，而是在卢森堡的一个小城镇维安登住了下来。

由于雨果收留流亡者的事情被人到处传扬，雨果的影响力逐渐扩大，有很多需要政治避难的人都找到了他。不久雨果便收到了一个公社社员的遗孀寄来的信，信中请求诗人让她避难。雨果向她发出了邀请。从她口中，以及从报纸上雨果了解了当时的情况。

雨果情不自禁地提笔写下了许多有关这个年代的诗歌，雨果后来把这部诗集称为《凶年集》。

雨果依旧是在一遍一遍地告诫着人们，那些被杀害的都是他们的弟兄姊妹。他保护被打倒的人们，但是在他们强大的时候与他们作过斗争。解决生死搏斗的问题是要靠爱，而不是靠武器。

晚年笔耕不辍

对雨果来说，1872 年是不祥之年。1 月，他在竞选中惨遭失败，因为他对公社社员的宽容使人惊恐不安。2 月，他那不幸的女儿返回巴黎。

一个时期来，家里对小阿黛尔的去向不明。小阿黛尔曾去了巴巴多斯。可是，她没有把地址告诉任何人。她孤单一人，身无分文，陷入疯痴状态，被关了起来。最后，她被一个遭受同样不幸的女黑人，赛里奥·阿尔瓦莱·巴阿夫人带回了法国。

小阿黛尔被禁锢在圣蒙代。她只是在雨果死后才离开此地，住到苏雷斯纳城堡。那是德·沃德蒙公主的旧领地，豪华的私人疗养院。

小阿黛尔独住一个小楼，直至 1915 年才在这里去世，终年85 岁。

小阿黛尔外表很温和，看上去不像个不幸的女人，但常常胡言乱语。她始终是一个素质良好的音乐家，不知疲倦的钢琴手。她把所有最著名的歌剧都弹得烂熟。

为了使她分心，人们常领她去动物园和处理品商店。由于回想起在巴巴多斯的那些贫困的日子，她奇怪地害怕缺吃少穿，像狗一样，把别人送给她的东西都给藏起来。就和以前欧仁患病时一样，雨果终生都带着这种隐痛。

1872 年 8 月 7 日，雨果兴致勃勃地前往盖纳西岛，中途在泽西岛做了短暂的停留。

雨果回到了"上等别墅"。又看到沐浴在阳光下的"瞭望塔"和那汹涌澎湃的大海，他心情舒畅。

这一年，雨果收获甚丰。短短几个月，雨果写出了《自由戏剧》的梗概，新《历代传说》的部分章节以及他的又一部最优秀的小说《九三年》。

一气呵成，这是雨果30岁写《巴黎圣母院》时的创作方法。这个七旬老翁精力仍然充沛，灵感仍然源源不断。

《九三年》反映的是他青年时代的冲突，是白军与蓝军之间的冲突。这已不再是心灵上的冲突，像《悲惨世界》里的马利尤斯那样，而是行动上的冲突。雨果很熟悉保王党叛乱的背景。

《九三年》是以法国大革命最重要的一个阶段，即雅各宾党人专政时期为背景的。小说的中心事件是写共和军平息旺岱叛乱的斗争。

当时，法国封建王朝已被推翻，旺岱地区的贵族煽动了一大批不明真相的农民进行叛乱，反对新生的革命政权，在共和国军队的打击下叛军已遭到重创，处于群龙无首的状态。

9月份，英国军舰送来了一个叫朗德纳克的法国贵族，他之所以在这时进入旺岱，目的是要把叛军重新召集起来，继续与革命政权顽抗。为了不让反革命死灰复燃，在巴黎的革命政权的代表国民公会向旺岱地区派出了一支远征军，由青年军官郭文担任司令，西穆尔登任政委。

郭文出身于贵族，他才华横溢，年轻有为，在大革命中他背叛了本阶级，站到了革命一边。西穆尔登是出身于下层平民的牧师，又是郭文的家庭教师，他用全部心血浇灌郭文的心田，与郭文情同父子。革命把他推上了阶级斗争的第一线。他憎恨封建统治，无限忠于革命事业。他对自己人非常仁慈，但对敌人则倍加凶狠。他曾说："革命有一个敌人，这个敌人就是旧社会，革命对这个敌人是毫不仁慈的，就像外科医生对于他的敌人毒疮也是毫不仁慈的。"西穆尔登之所以会提出仁慈的问题是有原因的。

当时新生的革命政权面对着反革命的反扑，处于岌岌可危的状态，执政的雅各宾党人用红色恐怖来对待白色恐怖，以革命暴力对付反革命叛乱。这一做法在国内外，甚至在革命阵营内部引起了不同的看法，西穆尔登的言论显然是有针对性的。他形象地把革命恐怖比喻为替旧世界动手术，手术要流血，但为了挽救生命又是十分必要的。

郭文与他的精神导师西穆尔登在这个问题上是有深刻分歧的。郭文宽大俘虏，医治伤员，释放被抓的妇女、儿童、教士。这与当时国民公会"绝不宽大"的命令是相违背的。

国民公会之所以把西穆尔登派到远征军中做政委，其目的正是为了监督那个"事后软弱的"郭文。

郭文和西穆尔登到旺岱时，正是朗德纳克十分嚣张之时，他袭击了在旺岱作战的一支叫红帽子联队的革命部队，这支部队收留了在战争中流离失所的一个妇女和她的 3 个孩子。

朗德纳克的部队掳走了 3 个孩子，枪决了被俘的共和国士兵。能征善战的郭文一到旺岱，便立即实施打击敌人的计划，他所带的部队与叛军多次交手，打得叛军节节败退，最后龟缩到了朗德纳克的城堡中。

朗德纳克是郭文的叔祖父，他作恶多端，在濒临灭亡的关头，他仍不愿投降。他对包围他的共和国部队表示，如不停止进攻，他就把关在城堡里的孩子烧死。面对他的威胁，共和国部队加紧了进攻，朗德纳克则派人点起了火。3 个孩子在烟雾弥漫的屋子中发出了痛苦的叫声。

这时朗德纳克的一个部下找到了一条地道，就在朗德纳克走进地道的一瞬间，他听到了一声凄惨的叫声，那是孩子们的母亲发出的。为了寻找孩子她四处奔波，现在找到了孩子，却从窗口中看到孩子们即将被大火吞噬，她焦急万分。

母亲的叫声唤起了朗德纳克的恻隐之心。他搬来了梯子，爬进屋子，把孩子们一个个救了出来，而他本人则丧失了逃跑的时间，被冲上来的革命部队抓住了。根据国民公会的法律，朗德纳克被判处了死刑。

郭文认为这个判决是不公正的，他认为朗德纳克已经用一个自我牺牲的行为赎回了他的种种野蛮行为，革命如果用一种野蛮的手段去回答这种慷慨的行为，那就是革命的弱点、共和国的贬值，就会损害共和国的形象，减少它的朋友。

因此，在处死朗德纳克的前夜，郭文以探监为名进了囚禁朗德纳克的监狱，与他换了衣服，把朗德纳克放走了。根据当时国民公会的法律，这样做必须判处死刑。

西穆尔登爱郭文，他把郭文视为自己的生命，可是他又是一个铁面无私的人，他非常忠于共和国，因此他忍痛拒绝了整个军队要求他"开恩"的呼声，毅然处决了郭文。在郭文的头颅从肩膀上飞出的同时，他开枪自杀了。

雨果的小说技巧在《九三年》中达到了更成熟的地步。小说情节的进展异常紧凑，看不到多少闲笔和题外话，不像《巴黎圣母院》和《悲惨世界》那样，常常出现大段的议论或枝蔓的情节。

雨果的议论融合到人物的思想中，成为塑造人物不可或缺的部分，这是更高明的手法。从结构上说，小说环环相扣，一步步推向高潮。高潮以 3 个小孩的遭遇为核心，以 3 个主要人物的思想交锋为冲突，写得紧张而动人心弦。这部小说虽然篇幅不大，却堪与卷帙浩繁的历史小说相媲美，成为不可多得的上乘之作。

一代巨星陨落

1873 年元旦，朱丽叶又一次重复她过去的祈祷，时光已经流逝了 40 余年了。40 年来，这个可悲又可怜可敬可爱的女人，一直都全身心地挚爱着雨果。

她第四十次给雨果回忆 1833 年 2 月那天早晨的情景：她从自己的窗口向雨果送去一个飞吻，他每走一步，就转过头来，回她一吻。

朱丽叶于 1872 年雇了个浆洗衣服的女佣，22 岁，名叫勃朗歇，美丽得惑人。勃朗歇的拼写和字体足可以与朱丽叶的媲美，她能背诵许多诗，特别是雨果的诗。

朱丽叶对秘书之职早有厌倦之感，想把她培养成雨果作品的誊写员。勃朗歇淳朴，毫不风骚。在政变时期仍是那样忠诚地待在老朋友家中，朱丽叶遇到了这个贤惠的女子，便产生了让她离开洗衣坊的念头。朱丽叶远没想到她竟会危及自己的爱情。

1873 年 7 月 31 日，雨果回到了法兰西。当时，麦克·马洪刚刚接替了梯也尔。人们都在猜测，是不是又在酝酿一次新的政变。不管怎么说，镇压越来越残酷了。

当雨果谈到国民议会或麦克·马洪时，脸上青筋直暴，眼睛喷出怒火。雨果住在奥脱依区西高摩尔大街的儿子家。由夏尔夫人精心照料着的儿子已到了垂危的时刻。他见到弗朗索瓦·维克多坐在围椅里，脸色蜡黄，痉挛的两臂由于畏冷抱成一团。

晚餐时，雨果喝着苏雷斯纳葡萄酒，不禁想到了从前哥哥阿贝尔在萨盖大妈的馆子里招待他们吃的大盘炒鸡蛋和烤子鸡。在那里，他们畅饮这种葡萄酒，醋栗色的酒液美极了。

有时，雨果到植物园散步。归途中，他若是遇到叫花子，便解囊布施，偿还欠天神的什么债，而且，在日记本上他还把布施的钱小心翼翼地写在寻欢作乐开支的旁边一栏里。

1873 年 12 月 26 日，雨果挥泪与儿子永别。在这之前雨果已多次遭受了命运之神突如其来给他的打击。先是大女儿新婚燕尔，与丈夫在湖上划船，一阵风吹翻了小船，新婚夫妇双双命逝黄泉。接着是小女儿突发精神病，离家数年不归，到把她找回来时已是面目全非，只能在精神病院度此残生。后来是妻子阿黛尔、大儿子、小儿子一个接一个地离开了人世。

雨果身边只留下一对孙儿孙女了。然而雨果并不因此悲观，打击只能在他心上留下难以抚平的创伤，可是却永远无法让他倒下。雨果自己说："我像树林，虽被多次砍伐，可是嫩枝却更加茁壮成长。"

1874 年 4 月 29 日，雨果搬迁到克列希街 21 号。他租了两层楼，一层给自己、儿媳阿丽莎和孩子们，一层是朱丽叶的内室和客厅。

随着时间推移，到雨果家中聊天的除了文学家，也有政治家的身影。路易·勃朗、茹勒·西蒙、甘必大和克雷蒙梭成了雨果家常客。

1876 年 1 月，根据克雷蒙梭提议，雨果被提名为参议院候选人，并在第二轮中入选。然而，雨果很快便发现，他在议会内影响不会很大。在第三共和国首次选出的参议院里，共和观念很淡薄。

在参议院会议上，雨果坚决主张对巴黎公社社员实行大赦。他说："是停止使人类良心震惊的时候了。是抛弃这种不一视同仁的可耻做法的时候了。我要求完全、彻底赦免 3 月 18 日事件的参加者。"

参议院进行了表决。10 票赞成雨果，余者反对。但是巴黎市民的态度比议会热烈得多，他们向他抛来鲜花。

1877 年，是充满政治斗争的。议会主席儒勒·西蒙是克里希街的常客。这位具有天主教会主教气质的犹太教徒想和麦克·马洪精诚合作，却没有成功。麦克·马洪不能容忍甘必大的反宗教主义立场。

麦克·马洪宣称将利用宪法给予的权力，和参议院达成协议后解散议会。雨果把左派力量团结起来，反对将图谋付诸行动。

然而，麦克·马洪最终没有达到自己的目的。在新的议会选举中，共和主义者却获得了胜利，最后麦克·马洪不得不宣布辞职。

与此同时，雨果并未中断创作，虽然他写得已经很少了。在1877年至1883年他出版了《历代传说》第二集、第三集，诗集《做祖父的艺术》和《精神的四种风向》。

1881年，在维克多·雨果诞生80周年之际，人们为他举行了国庆般的庆祝活动。爱洛大街搭起了一座凯旋门。

2月26日，巴黎市民应邀在诗人的窗下列队走过，向他致敬。外省城市派来了众多的代表团，送来了无数的鲜花。议会主席儒勒·费里先一天就代表政府来向他道贺。

在公立和私立中学小学里，取消了对学生的所有处分。雨果不顾2月的寒冷，站在打开的窗户前，整整一天看着从他窗下经过的60万仰慕者。他左右站着乔治和让娜。房前的路旁，堆放的鲜花高高耸起，像一座小山。他庄重地向群众频频点头，表示谢意。

一个星期后，当雨果出现在卢森堡宫的大厅时，参议院全场起立，鼓掌欢迎。当时的会议执行主席莱昂·塞后来很简单地描述道："天才出席了会议，参议院鼓掌欢迎。"从未见过这样的场面。

7月，爱洛街被命名为"维克多·雨果大道"，朋友们写信时可这样写："维克多·雨果大道，他本人收。"7月14日，管弦乐队、军乐队又奏乐游行，成百遍地吹奏着他喜爱的《马赛曲》。7月21日，圣维克多节则是一个与他关系更密切的节日。

1832年11月22日，《国王取乐》首演，然后这个剧本被禁，在当时不能再演第二场。为了庆祝这个剧本首场演出50周年，法兰西喜剧院经理埃米尔·贝兰要重新上演这出戏，并坚持把时间定在1882年11月22日。

1885 年 5 月 18 日，雨果走到了他人生道路的尽头。他肺出血，心力衰竭。成百上千人天天守在街上，忧心忡忡地等待着从雨果家中走出来的人，贪婪地、仔细地听着他们说的每句话，揣测着雨果的病情。其中大多数是工人。

雨果一生为穷苦人大声呐喊，为他们争取权利。所以最牵挂他的自然也是穷苦人。在昏迷状态中，雨果依然不忘与黑暗旧势力的斗争。雨果甚至还吟出了一句佳句："人生便是白昼与黑夜的斗争。"

这句诗是对雨果漫长一生的最精练的概括。5 月 22 日，雨果要求见见他的一对孙儿孙女。他与他们诀别后，便溘然长逝。

他临终前说的最后一句话是："我看到了漆黑的光。"著名作家罗曼·罗兰事后这样描写当时的情景："在这位老神仙垂危之际，巴黎上空风狂雨骤，雷鸣电闪，冰雹铺天盖地地落下来。"这似乎是上天的动容，似乎上天也为人们失去这样一位伟大的斗士而悲伤。

早在雨果病危之前，他就已经立下了遗嘱，其中要求把 5 万法郎捐献给穷人，将他的全部手稿奉献给巴黎国家图书馆，希望用穷人的灵车把他送进公墓。

雨果逝世的噩耗传到参议院和众议院，两院马上休会，表示国家级哀悼。作出决定：为了雨果，制宪会议以前所规定的先贤祠用途又重新生效，并在先贤祠三角楣上刻上"伟大的人物，祖国向你们致敬"。

雨果的遗体先在凯旋门下受人瞻仰，然后再送到先贤祠安葬。

人类遗忘的大海淹没了多少 19 世纪的作品，而雨果的作品像群岛一样，一直都傲然挺立于大海之中。体现了法兰西的一些重大历史的建筑物，都与雨果的某一诗篇有着紧密的联系！

贯穿他一生活动和创作的主导思想是人道主义、反对暴力、以爱制"恶"，他的创作期长达 60 年以上，作品包括 26 卷诗歌、20 卷小说、12 卷剧本、21 卷哲理论著，合计 79 卷之多，给法国文学和人类文化宝库增添了一份十分辉煌的文化遗产。

附　录

　　一部迅速展开情节的轻松喜剧成功的寿命只有 12 个月，
而一部思想深刻的戏剧的寿命却是 12 年。

—— 雨果

经典故事

❦ 善于运用标点 ❦

法国著名作家雨果将《悲惨世界》的手稿寄给出版社后，过了一段时间还不见出版。

于是给出版社去了封信，内容只写了："？——雨果。"

很快，他便收到了一封回信，内容也只有："！——编辑室。"

过了不久，轰动世界的《悲惨世界》便与读者见面了。这封信，被称为"世界上最短的信"。

❦ 笔杆贩子 ❦

又有一次，雨果出国旅游，在一个出境站办签证的时候。

一个工作人员例行公事地问："姓名？"

雨果答道："雨果。"

工作人员又问："干什么的？"

雨果说道："写东西的。"

工作人员问："以什么谋生？"

雨果说："笔杆子。"

于是，工作人员就在登记簿上非常认真地写道："姓名：雨果；职业：贩卖笔杆。"

❧ 坚决反对暴政 ❧

1841 年，雨果被选为法兰西学院院士。1845 年，任贵族院议员。1848 年，二月革命后，任共和国议会代表。1851 年，拿破仑三世称帝，雨果奋起反对而被迫流亡国外。

流亡期间写下一部政治讽刺诗《惩罚集》，每章配有拿破仑三世的一则施政纲领条文，并加以讽刺，还用拿破仑一世的功绩和拿破仑三世的耻辱对比。

❧ 尊重历史 ❧

雨果尊重历史，在长篇小说《九三年》中如实地展现了革命与反革命斗争的残酷性，描写出这场斗争激烈而壮伟的场面。在小说中，保王党叛军平均每天枪杀 30 个蓝军，纵火焚烧城市，把所有的居民活活烧死在家里。他们的领袖提出"杀掉，烧掉，绝不饶恕"。

保王主义在一些落后地区，如布列塔尼拥有广泛的基础，农民盲目地跟着领主走。他们愚昧无知，例如农妇米歇尔·弗莱夏既不知道自己是法国人，又分不清革命和反革命。她的丈夫为贵族卖命，断送了性命。乞丐泰尔马什明知政府悬赏 6 万法郎，捉拿叛军首领朗特纳克，却把他隐藏起来，帮助他逃走。

农民的落后是贵族发动叛乱的基础，小说真实地反映了这种社会状况。面对贵族残忍的烧杀，共和军以牙还牙，绝不宽恕敌人。

年　谱

1802 年 2 月 26 日，雨果出生于法国一个职业军官家庭，拉奥里将军是他的教父。

1810 年，应约瑟夫国王的邀请，雨果的母亲和雨果及兄弟到西班牙和父亲生活在一起。

1811 年，雨果和他二哥在马德里贵族子弟学校就读。

1812 年，雨果和母亲及二哥返回巴黎，

1817 年，雨果开始文学创作生涯，在"百花诗社"征文比赛中，获"法兰西学院大奖"。

1818 年，雨果中学毕业。

1819 年，雨果在图卢兹百花诗赛中，以诗歌《重建亨利四世的塑像》参赛，获法兰西学院奖。

1820 年，雨果再次获"百花诗赛奖"。

1821 年，雨果的母亲去世。

1822 年，雨果出版了《颂歌集》，得到国王每年 1000 法郎的赏金，他与阿黛尔结婚。

1823 年，雨果第一个孩子出生，并于 3 个月后夭亡。雨果发表小说《冰岛汉》。雨果积极参与《法兰西诗神》诗社的创办活动。

1824 年，发表《新颂歌集》。

1826 年，发表《颂歌集》。

1827 年，发表诗歌《旺多姆广场铜柱颂》和该诗的序言。

1828 年，父亲去世。雨果的第二个儿子出世。出版定稿本《颂歌集》。

1829 年，发表《东方集》和《死囚末日》。剧本《玛里奥·德洛姆》被禁。

1831 年，发表《巴黎圣母院》和《秋叶集》。首演《玛里奥·德洛姆》。

1832 年，首演剧本《国王取乐》，并被禁演。

1833 年，首演《吕克莱斯·波尔吉亚》和《玛丽·杜道尔》。

1835 年，发表剧本《安琪洛》和诗集《暮歌集》。

1837 年，发表《心声集》。

1840 年，出版《光影集》。

1845 年，开始创作《悲惨世界》；被任命为贵族院议员。

1847 年，雨果多次发表一些自由主义者和改革派主张的政治讲话，又经常同国王会谈。

1848 年 2 月，雨果在巴士底广场试图宣告成立摄政权，遭到冷嘲热讽。拉马尔汀把自己的区长和公共教育部长的职务让给雨果，雨果拒绝了。6 月，雨果当选为制宪会议议员。

1849 年，当选为立法议会议员。雨果渐渐地断绝了同资产阶级右派的联系。

1850 年，在巴尔扎克墓前致悼词。发表了反对法规、反对放逐刑法、反对限制普选和赞成新闻自由等一系列讲话。

1851 年 6 月，雨果发表长篇讲话，反对根据路易·波拿巴的要求修改宪法。政变失败后，雨果化名离开巴黎。

1852 年，被正式流放至比利时。

1853 年，在比利时出版《演说集》和诗集《惩罚集》。

1854 年，草拟《潮湿的森林》和《魔鬼的末日》的核心部分，准备《沉思集》的出版工作。

1856 年，出版《沉思集》，用稿费买下一幢房子。

1859 年，拿破仑三世宣布大赦雨果，遭到雨果的拒绝。

1861 年，雨果在荷兰和比利时旅居时，完成了《悲惨世界》的书稿。

1862 年，出版《悲惨世界》，获得极大的成功。

1864 年，在比利时旅行，开始撰写《劳动者》。

1866 年，创作了《一千法郎的奖赏》。开始创作《笑面人》，出版《海上劳工》。

1868 年，完成《笑面人》创作之后数日，妻子阿黛尔死于布鲁塞尔。

1869 年，在瑞士洛桑主持和平大会。

1870 年，重新出版《惩罚集》，用公开朗诵《惩罚集》的收入，购买了大炮，支援人民革命。

1871 年，当选为波尔多议会议员，五月流血周后期，雨果非常关心巴黎公社社员，把他们藏在自己家中，躲避到卢森堡，创作了《凶年集》。

1872 年，出版《凶年集》。

1874 年，出版《我的儿子》和《九三年》。

1876 年，当选共和派联盟组织塞纳河参议员，继续从事大赦活动。

1877 年，发表《历代传说集》的第二部分和《祖父乐》，出版《一个罪犯的历史》。

1877 年 6 月，患脑充血，卧床休息。

1881 年，市议会和全巴黎在雨果诞辰 80 周年之际向他表示祝贺。出版《精神四风集》。

1882 年，再次当选议员。在《呼声报》上，发表关于俄国屠杀犹太人问题的《雨果的呼吁》。出版《托尔克玛达》。

1883 年，发表《历代传说集》第三部分。雨果追加遗嘱。

1885 年 5 月 22 日，雨果逝世，享年 83 岁。

名　言

- 生活就是面对微笑。

- 最高贵的复仇是宽容。

- 诗歌首先应该是音乐。

- 书籍是造就灵魂的工具。

- 勉强应允不如坦诚拒绝。

- 谁战斗，谁才真正活着！

- 诗是珍藏在内心世界的歌。

- 人类第一种饥饿就是无知。

- 世人缺乏的是毅力，而非气力。

- 应该相信，自己是生活的强者。

- 笑声如阳光，驱走人们脸上的冬天。

● 生活中最大的幸福就是有人爱我们。

● 谁虚度年华，青春就要退色，生命就会抛弃他们。

● 我的法兰西，我要把爱情献给你，而且只献给你！

● 要纯洁，要坚强，要高尚，还要相信人类的纯洁。

● 物质的仆人有多么胆怯，智慧的仆人就有多么英勇。

● 对于超群卓绝的人，对于天才，高傲的孤独是必要的。

● 我宁愿靠自己的力量，打开我的前途，而不愿求有力者垂青。

● 命运是一个乔装打扮的人物。没有比这张脸更会欺骗人的了。

● 人的两只耳朵，一只听到上帝的声音，一只听到魔鬼的声音。

● 脚步不能到达的地方，眼光可以到达；眼光不能到达的地方，精神可以到达。

● 不是我在受迫害，而是自由在受迫害；不是我在流亡，而是法兰西在流亡。

● 艺术的大道上荆棘丛生，这也是好事，常人都望而却步，只有意志坚强的人例外。

● 人出生两次，头一次，是在人开始生活的那一天，第二次，则是在萌发爱情的那一天。

● 未来将属于两种人：思想的人和劳动的人，实际上，这两种人是一种人，因为思想也是劳动。

● 人的智慧掌握着三把钥匙，一把开启数字，一把开启字母，一把开启音符。知识、思想、幻想就在其中。

● 人有了物质才能生存，人有了理想才谈得上生活。你要了解生存与生活的不同吗？动物生存，而人则生活。

● 应当知道爱灵魂，你日后还能找到它不幸的是那些只爱躯壳、形体、表相的人，唉！这一切都将由一死而全部化为乌有。应当知道爱灵魂，你日后还能找到它。

图书在版编目（CIP）数据

雨果／王晓蕾编著.--北京：中国社会出版社，2012.6
（2022.6 重印）
（世界名人非常之路）
ISBN 978－7－5087－4069－0

Ⅰ．①雨... Ⅱ．①王... Ⅲ．①雨果，V.（1802～1885）－
生平事迹 Ⅳ．①K835.655.6

中国版本图书馆 CIP 数据核字（2012）第 105606 号

出 版 人：浦善新		策划编辑：侯　钰	
责任编辑：侯　钰		封面设计：张　莉	

出版发行：中国社会出版社　　　　　地　　　址：北京市西城区二龙路甲 33 号
邮政编码：100032　　　　　　　　　编 辑 部：(010)58124867
网　　址：shcbs.mca.gov.cn　　　　发 行 部：(010)58124866
经　　销：各地新华书店

印刷装订：北京华创印务有限公司　　开　　本：170mm×240mm 1/16
印　　张：13　　　　　　　　　　　字　　数：200 千字
版　　次：2012 年 6 月第 1 版　　　印　　次：2022 年 6 月第 5 次印刷
定　　价：49.80 元

中国社会出版社微信公众号　　　　　中国社会出版社天猫旗舰店